Melanie Bettner

Kleine Spiele gegen Rechenschwäche

einfach – aktiv – motivierend

4. Auflage 2024

Autor*innen: Melanie Bettner
Covergestaltung: annette forsch konzeption und design, Berlin
Umschlagfoto: Shutterstocknr.: 49 3733332; Illustrator: Popmarleo
Illustrationen: Corina Beurenmeister
Satz: Fotosatz H. Buck, Kumhausen
Druck und Bindung: Korrekt Nyomdaipari Kft, Budapest
ISBN 978-3-403-**08167**-8

www.auer-verlag.de

Inhaltsverzeichnis

Einleitung

Auch Lernen muss motiviert sein und animiert werden. Welches Kind begreift schon, dass es tatsächlich für sich selbst, für die Gestaltung des eigenen Lebens lernt? Was könnte besser motivieren und animieren als das Spielen?

Dies gilt in besonderem Maße für Kinder mit Rechenschwierigkeiten. Deren bisherige Schulbiographie im Fach Mathematik ist oft geprägt von Misserfolgen und negativen Rückmeldungen. Spiele sind an dieser Stelle eine Chance, wieder Spaß an der Mathematik aufzubauen und Grundfertigkeiten zu erlernen, zu üben bzw. zu vertiefen. Und oft merkt man gar nicht die Mathematik, die man dabei betreibt. Weiterhin lassen sich in didaktischer Hinsicht Spiele gewinnbringend im Unterricht einsetzen. Die Spiele sind in der Regel einfach und motivierend gestaltet. Die Schüler[1] werden zur aktiven Auseinandersetzung mit wichtigen basalen mathematischen Grundfertigkeiten im spielerischen Kontext angeregt. Sie entwickeln ein Grundverständnis für mathematische Sachverhalte.

Folgende mathematische Themen werden in den Spielen angesprochen und geübt:

Zählen, Menge-Zahl-Zuordnung, Zahlbeziehungen, Mengen- / Zahlzerlegung, Addition, Subtraktion, Multiplikation (Einmaleins-Reihe ...), Division, Zahldarstellung / Stellenwertsystem, Orientierung im Zahlenraum.

Ziel des Buches ist es, ein Kompendium an Mathematikspielen bereitzustellen. Alle beschriebenen Spiele wurden in der Praxisarbeit von mir schon kontinuierlich eingesetzt und als ein weiterer effektiver Baustein im mathematischen Lernprozess der Kinder wahrgenommen. Dies gilt sowohl für das Lernen von Mathematik als auch für die Motivation und zudem vor allem für die Einstellung der Schüler zum Fach Mathematik.

Die vorliegenden Spielideen können sowohl im Unterricht als auch in der häuslichen Übung, mit der Familie oder mit Freunden, eingesetzt werden.

1 Aufgrund der besseren Lesbarkeit ist in diesem Buch mit Schüler auch immer Schülerin gemeint, ebenso verhält es sich mit Lehrer und Lehrerin etc.“

Zum Aufbau des Bandes:

Hier finden Sie Informationen zu mathematischen Themen, welche mit dem Spiel vertieft werden.

Die folgenden Icons zeigen die jeweils im Spiel genutzten Sozialformen, hier ist zudem die Mindestanzahl der Spieler angegeben:

Partnerarbeit

Gruppenspiel

Hier finden Sie kurze Anregungen, wo das Spiel am besten eingesetzt werden kann.

Eine Übersicht zeigt Ihnen, welche Materialien für das Spiel benötigt werden.

Spiele im Zahlenraum bis 10

Bitte der Reihe nach!

 Zählen

  10 (auch zu zweit möglich)

 vor der Tafel

 Zahlenkärtchen 1 bis 10

Durchführung:

Zehn Kindern wird je eine Zahl von 1 bis 10 zugeordnet. Die Zettel mit den jeweiligen Zahlen halten die Kinder für alle sichtbar vor sich. Die Kinder laufen durcheinander, bis Sie das Kommando „Bitte der Reihe nach" geben.

Jetzt stellen sich die Kinder so schnell wie möglich in der richtigen Reihenfolge auf. Die anderen Kinder in der Klasse kontrollieren, ob die Zahlenreihenfolge stimmt. Im Anschluss tauschen die Kinder ihre Zettel, sodass jedes Kind eine andere Zahl hat – das Spiel beginnt von neuem. Bei der folgenden Spielrunde werden einige Spieler mit noch sitzenden Kindern ausgetauscht.

Varianten:

- Das Kommando kann verändert werden, z. B. in „Bitte rückwärts" oder „Bitte mit der Vier beginnen". Dann ist das erste Kind, das sich aufstellt, nicht das Kind mit der Zahl Eins, sondern es ist das mit der Zahl Vier. Alle anderen Kinder reihen sich in der richtigen Reihenfolge hinten ein.
- Das Spiel kann auch zu zweit gespielt werden. Die sichtbaren Zahlenkärtchen liegen durcheinander auf dem Tisch und sollen von einem Kind – nach den Kommandos des Partnerkindes – sortiert werden.

Die verschwundene Zahl

 Zählen

  9 (auch zu zweit möglich)

 vor der Tafel

 Zahlenkärtchen 1 bis 10

Durchführung:

Neun Kinder stellen sich nebeneinander vor die Klasse. Verteilen Sie an die Kinder neun Zahlenkärtchen – der Zahlenreihenfolge entsprechend. Lassen Sie dabei ein beliebiges Zahlenkärtchen weg und behalten Sie es in der Hand. Die Kinder, die noch auf ihren Plätzen sitzen, sollen herausfinden, welche Zahl fehlt. Zur Kontrolle zeigen Sie die fehlende Zahl.

Varianten:

- Verteilen Sie die Zahlenkärtchen ungeordnet an die Kinder. Welche Zahl fehlt?
- Das Spiel kann auch zu zweit gespielt werden. Die Zahlenkarten werden der Zahlenreihenfolge entsprechend auf den Tisch gelegt. Während sich ein Kind die Augen zuhält, entfernt das andere Kind eine Zahlenkarte und legt sie verdeckt zur Seite. Die entstehende Lücke wird geschlossen, indem die anderen Karten zusammengeschoben werden. Das Kind öffnet die Augen und sucht die fehlende Zahl. Anschließend werden die Rollen gewechselt.

Vorgänger und Nachfolger

 Zählen

  5 bis 10 (auch zu zweit möglich)

 vor der Tafel

 Zahlenkärtchen 1 bis 10

Durchführung:

An die Tafel werden die Wörter „Vorgänger – Zahl – Nachfolger" geschrieben. Jedes mitspielende Kind erhält von Ihnen ein Zahlenkärtchen. Sollten weniger als zehn Kinder mitspielen, achten Sie beim Verteilen der Zahlenkärtchen auf zusammenhängende Zahlenreihenfolgen. (Wenn z. B. nur fünf Kinder spielen, könnten Sie die Zahlen 4 bis 8 verteilen.) Während die Kinder durcheinanderlaufen, rufen Sie eine Zahl.
Das Kind, welches die genannte Zahl in der Hand hält, stellt sich vor die Tafel unter das Wort „Zahl". Es hält den Zettel mit der Zahl für alle sichtbar in der Hand. Welches der anderen Kinder hält den Vorgänger oder den Nachfolger dieser Zahl in der Hand? Die Kinder mit den richtigen Zahlen stellen sich so schnell wie möglich links bzw. rechts neben das bereits vor der Tafel stehende Kind. Die anderen Kinder in der Klasse kontrollieren, ob die Zahlenreihenfolge stimmt.

Varianten:

- Mehrere Kinder bekommen die gleichen Zahlen zugeordnet. Wer steht am schnellsten vor der Tafel?
- Das Spiel kann auch zu zweit gespielt werden. Die sichtbaren Zahlenkärtchen liegen durcheinander auf dem Tisch. Ein Kind zieht eine Karte heraus. Das andere Kind sucht den Vorgänger sowie den Nachfolger und legt die richtigen Zahlenkärtchen vor bzw. hinter die gezogene Zahl.

Fingerblitz

 Menge-Zahl-Zuordnung

 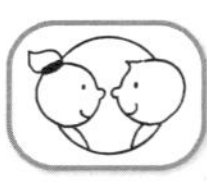 beliebig (ab 2)

an den Plätzen

 –

Durchführung:

Schließen Sie Ihre Hände zu Fäusten und strecken Sie nur kurz (ca. eine Sekunde lang) eine bestimmte Anzahl von Fingern aus. Die Kinder in der Klasse sollen versuchen, die Anzahl der Finger zu bestimmen. Wählen Sie ein Kind aus, welches die Zahl nennt.

Anschließend darf dieses Kind (evtl. vor der Klasse) für eine Sekunde eine neue Anzahl mit seinen Fingern zeigen und schließlich jemanden aufrufen, diese zu erraten. So geht es weiter.

Varianten:

- Den Kindern wird eine Zahl vorgegeben. Die Kinder sollen zunächst unter dem Tisch die Anzahl der Finger hinhalten und erst nach Aufforderung von Ihnen zeigen.
- Es wird nur mit einer Hand gespielt (Zahlen von Eins bis Fünf).
- Es wird nur mit den Zahlen von Sechs bis Zehn gespielt. Die Fingerbilder Sechs bis Zehn müssen in der entsprechenden Zerlegung der Finger in Bezug zur Fünf (Acht sind fünf und noch drei Finger) oder in Bezug zur Zehn genannt werden (Acht sind zwei Finger weniger als Zehn). In der schwierigeren Variante werden keine Fingerbilder mehr gezeigt, sondern nur noch die Zahl genannt. Das andere Kind nennt die entsprechende Zerlegung.

Wie viele seid ihr?

Menge-Zahl-Zuordnung

ab 5

frei im Raum

–

Durchführung:

Die Kinder gehen frei durch den Raum oder sitzen auf ihrem Platz. Nennen Sie ein Merkmal, nach dem sich die Kinder sortieren sollen. Dies kann z. B. sein: Haarfarbe, Schuhgröße, bestimmtes Kleidungsstück, Geschlecht, usw.

Die Kinder, auf die das genannte Merkmal zutrifft, gruppieren sich vor der Tafel und nennen ihre Gruppengröße. Anschließend löst sich die Gruppe wieder auf, alle gehen wieder frei durch den Raum bzw. setzen sich auf die Plätze. Das nächste Merkmal wird genannt.

Kleiner oder größer

Zahlbeziehungen

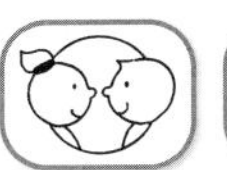

beliebig (ab 2)

vor der Tafel oder an den Plätzen

–

Durchführung:

Stellen Sie zwei Stühle so vor die Tafel, dass sich die später darauf sitzenden Kinder anschauen können. Auf jedem Stuhl nimmt ein Kind Platz.

Schreiben Sie eine Zahl hinter den links stehenden Stuhl und eine weitere Zahl hinter den rechts stehenden Stuhl an die Tafel. Die Kinder, die auf den Stühlen sitzen, vergleichen die Zahlen miteinander. Das Kind vor der kleineren Zahl geht in die Hocke. Das Kind vor der größeren Zahl stellt sich hin. Sind die Zahlen gleich groß, bleiben beide Kinder sitzen.

Dieses Spiel kann auch mit der ganzen Klasse gespielt werden. Dazu bleibt jedes Kind auf seinem Stuhl sitzen. Die Klasse wird in zwei Gruppen (rechte und linke Klassenhälfte) geteilt.

Wird das Spiel zu zweit an den Plätzen gespielt, werden je zwei Stühle gegenübergestellt. Die Kinder orientieren sich immer an den Zahlen, die an der Tafel stehen. Dabei symbolisiert je ein Kind die linke bzw. rechte Zahl.

Die kleinere Zahl

Zahlbeziehungen

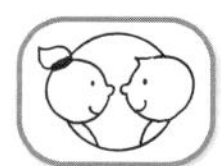 

beliebig (ab 2)

vor der Tafel

–

Durchführung:

Die Klasse wird in zwei bis vier möglichst gleich große Gruppen eingeteilt. Malen Sie ein leeres Kästchen und ein Kleinerzeichen in Richtung des leeren Kästchens an die Tafel. Hinter das Kleinerzeichen schreiben Sie eine Zahl.
Eine Gruppe beginnt, bespricht sich untereinander und stellt sich mit einer möglichen passenden Anzahl für das leere Kästchen vor die Tafel. Dabei nennen die Kinder, die sich vor die Tafel stellen, ihre Gruppengröße. Die anderen Kinder kontrollieren, ob die Aufstellung stimmt. Ist die Lösung richtig, erhält die Gruppe einen Punkt. Welche Zahlen (Gruppengrößen) sind noch möglich? Die nächste Gruppe ist an der Reihe und stellt eine weitere mögliche Zahl dar. Die Kinder sollen immer neue passende Gruppengrößen bilden.

Varianten:

- Ein Größerzeichen und eine Zahl an die Tafel schreiben.
- Ein Gleichheitszeichen und eine Zahl an die Tafel schreiben.
- Wenn nur zu zweit gespielt wird, sollten die Zahlenkärtchen 1 bis 10 benutzt werden. Ein Kind malt ein Kleinerzeichen auf einen Zettel und legt ein Zahlenkärtchen dahinter. Das andere Kind legt passende Zahlenkärtchen vor das Kleinerzeichen. Es ist auch möglich, Gegenstände vor bzw. hinter das Kleinerzeichen zu legen.

Die lebende Schüttelbox

Mengen-/Zahlzerlegung

3 bis 10

vor der Tafel

Kreppband

Durchführung:

Teilen Sie die Tafel mit einem Strich in zwei Hälften. Mittig über den Strich malen Sie ein Kästchen und schreiben eine Zahl hinein. Den Strich an der Tafel führen Sie auf dem Boden durch ein Kreppband fort, sodass vor der Tafel zwei Felder entstehen. Die Zahl an der Tafel entspricht der Anzahl der Kinder, die pro Spielrunde mitspielen können. Die Anzahl der Spielrunden legen Sie vor Spielbeginn fest.

Auf ein Kommando „Rüttel-Schüttel" hüpfen die Kinder vor der Tafel hin und her. Bei „Stopp" bleiben die Kinder sofort stehen. Die Kinder, die noch auf ihren Plätzen sitzen, überprüfen, wie viele Kinder auf der linken bzw. rechten Seite des Striches stehen. Das Ergebnis wird an der Tafel notiert. Wie viele verschiedene Möglichkeiten finden die Kinder? Gibt es noch weitere Möglichkeiten, die durch die lebende Schüttelbox nicht gezeigt wurde? Bei einer neuen Zahl dürfen andere Kinder vor die Tafel.

Zimmerbelegung

Mengen- / Zahlzerlegung

ab 3

vor der Tafel

–

Durchführung:

Die Klasse wird in zwei bis drei Gruppen eingeteilt. Malen Sie ein Zahlenhaus mit zwei Zimmern an die Tafel und schreiben Sie eine Zahl in das Dach. Die Zahl im Dach entspricht der Anzahl der Kinder, die pro Spielrunde mitspielen können – sie zeigt an, wie viele Personen in dem Haus insgesamt wohnen dürfen. Ein Zimmer ist schon belegt. Malen Sie dafür eine beliebige Anzahl Gesichter in ein freies Zimmer. Wie viele Kinder dürfen in das andere Zimmer?

Gruppe A beginnt, bespricht sich untereinander und stellt die fehlende Anzahl vor die Tafel (vor das leere Zimmer).

Die andere Gruppe kontrolliert die Zimmerbelegung. Wenn die Anzahl stimmt, erhält Gruppe A einen Punkt.

Ändern Sie jetzt die Anzahl der gemalten Gesichter, die Zahl im Dach bleibt unverändert. Die nächste Gruppe ist jetzt an der Reihe.

Nach jedem Durchgang der Gruppen wird eine neue Zahl ins Dach geschrieben.

Zahlzerlegungen

Mengen-/Zahlzerlegung

ab 5

frei im Raum

Zahlenkärtchen von 1 bis 9 (doppelt)

Durchführung:

Kopieren Sie die Zahlenkärtchen von 1 bis 9 doppelt. Mischen Sie die Kärtchen und legen Sie diese verdeckt auf einen Stapel. An die Tafel zeichnen Sie ein Zahlenhaus und schreiben in das Dach eine Zahl. Jedes Kind der Klasse zieht ein Zahlenkärtchen. Welche Möglichkeiten gibt es, die im Dach stehende Zahl zu zerlegen?

Die Kinder laufen frei durch den Raum und suchen zu ihrer eigenen Zahl ein geeignetes Partnerkind, mit dem die Zerlegung bzgl. der Zahl im Dach passend erscheint. Die Zahlenzettel halten sie dabei sichtbar vor sich. Wurde ein Partnerkind gefunden, bleiben die Kinder stehen.

Sie können vor jeder Spielrunde die Zahlenkärtchen entsprechend vorbereiten, indem Sie überflüssige Karten entfernen. Dann ist die Anzahl der mitspielenden Kinder immer auf die Anzahl der Zahlenkärtchen bzw. der Zahlzerlegungsmöglichkeiten begrenzt. Wird mit allen Zahlenkärtchen gespielt, scheiden im Spielverlauf automatisch einige Kinder aus:

- ... wenn die gezogene Zahl auf dem Zahlenkärtchen größer ist als die Zahl im Dach des Zahlenhauses;
- ... wenn ein Kind nach der Partnersuche übrigbleibt, weil die Anzahl der Kinder ungerade ist;
- ... wenn kein Partnerkind gefunden wird, weil das passende Zahlenkärtchen noch verdeckt auf dem Stapel liegt.

Zur Überprüfung nennen die zusammenstehenden Kinder ihre Zahlen. Die Ergebnisse werden in das Zahlenhaus geschrieben.

Danach wird eine neue Zahl in das Zahlenhaus-Dach notiert. Die Zahlenkärtchen werden erneut gemischt und jedes Kind zieht eine neue Karte.

Immer Zehn

Mengen-/Zahlzerlegung

ab 10

vor der Klasse

10 Stühle

Durchführung:

Stellen Sie zehn Stühle nebeneinander.

Die Klasse wird in zwei Gruppen geteilt. Nennen Sie der Gruppe A die Anzahl der Kinder, die sich nebeneinander auf die Stühle setzen soll, immer angefangen beim ersten Stuhl. Die Kinder der ersten Gruppe entscheiden selbst, wer sich hinsetzt.

Jetzt kommt Gruppe B zum Einsatz: Wie viele Stühle sind noch frei? Wie viele fehlen zu insgesamt zehn besetzten Stühlen? Die zweite Gruppe bespricht sich untereinander und nennt die Anzahl der Kinder, die jetzt noch Platz nehmen können.

Durch Besetzen der Stühle wird die genannte Anzahl auf Richtigkeit überprüft. Im Anschluss stehen alle Kinder auf und das Spiel beginnt von neuem. Für jede richtige Antwort gibt es einen Punkt.

Geschwisterzahlen

Mengen- / Zahlzerlegung

 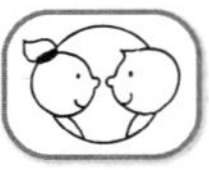

alle (auch zu zweit möglich)

an den Plätzen

Papier, Stift

Durchführung:

Malen Sie auf einen Zettel neun Herzen. In jedes Herz wird ein Zahlenpaar geschrieben, welches addiert jeweils 10 ergibt. In die linke Herzhälfte wird z. B. „1“ und in die rechte Herzhälfte „9“ geschrieben, in das folgende zur „2“ die „8“ usw. Anschließend werden die Herzen ausgeschnitten und in der Mitte getrennt. Die Herzhälften werden gemischt und an die Kinder verteilt.

Die Kinder stehen an ihren Sitzplätzen. Eines der Kinder soll seine Zahl laut sagen. Welche „Geschwisterzahl“ (die „andere Herzhälfte“) passt dazu? Das Kind, das die passende Geschwisterzahl hat, soll diese laut benennen. Sind beide Geschwisterzahlen genannt, dürfen sich beide Kinder setzen. Wählen Sie ein weiteres Kind, dass seine Zahl laut sagen soll, und wieder wird die Geschwisterzahl gesucht usw.

Variante:

Die Herzhälften werden gemischt und auf dem Tisch ausgebreitet. Ein Kind zieht eine Herzhälfte heraus und ein Partnerkind sucht die andere Herzhälfte (Geschwisterzahl).

Tellerrechnen

 Addition

  ab 2

 an den Plätzen

 Plastikteller dreigeteilt, Perlen (o. ä.) in zwei Farben, Papier, Stift, Würfel

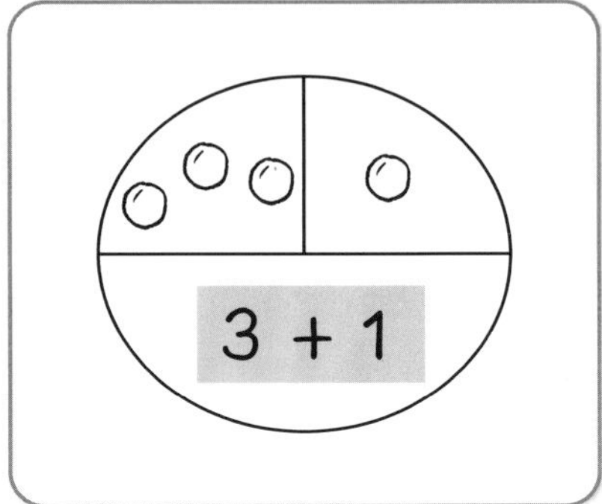

Durchführung:

Kleben Sie bei einem Würfel die Sechs mit einem Klebepunkt zu. Der Klebepunkt soll die Null symbolisieren. Schneiden Sie mehrere kleine Zettel zum Aufschreiben von Plusaufgaben zurecht. Auf einem Zettel werden alle Namen der mitspielenden Kinder untereinander notiert.

Teller, Perlen, Papier, Stift und der präparierte Würfel liegen auf dem Tisch. Ein Kind würfelt und schreibt die gewürfelte Augenzahl auf einen Zettel. Dahinter wird ein Pluszeichen gesetzt. Jetzt wird erneut gewürfelt und hinter das Pluszeichen die zweite gewürfelte Augenzahl geschrieben. Die Plusaufgabe wird in das große Feld des Plastiktellers gelegt. Das Kind füllt die zwei noch leeren Felder des Tellers mit der gewürfelten Anzahl Perlen.

Wie viele sind es insgesamt? Das Ergebnis wird hinter den jeweiligen Namen auf die Liste geschrieben.

Jetzt kommt das nächste Kind dran. Die Kinder müssen die Perlen in die Felder des Tellers legen, auch wenn sie das Ergebnis der Plusaufgabe schon kennen. Passiert ein Fehler beim Legen bzw. Abzählen der Perlen, erhält das Kind für diese Spielrunde keinen Punkt. Wenn alle Ergebnisse feststehen, wird verglichen. Wer die größte Zahl hat, ist Sieger der Spielrunde.

Die Anzahl der Spieldurchgänge sollte vorher vereinbart werden.

Dosenwerfen

Subtraktion

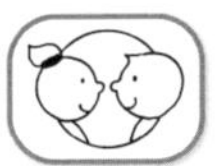 

ab 2

frei im Raum

10 Dosen, Wurfsäckchen oder Ball, Papier, Stift

Durchführung:

Stapeln Sie zehn Dosen pyramidenförmig übereinander. Dazu werden vier Dosen in der untersten Reihe nebeneinandergestellt, in der Reihe darüber drei, dann zwei und ganz oben steht nur eine Dose.

Notieren Sie auf einem Zettel untereinander alle Namen der mitspielenden Kinder. Hinter jeden Namen schreiben Sie die Anzahl der aufgestellten Dosen und ein Minuszeichen. Dahinter malen Sie ein kleines Kästchen, in das die Anzahl der umgeworfenen Dosen eingetragen wird, gefolgt von einem Gleichheitszeichen (10 – □ = ____).

Ein Kind beginnt und wirft einmal von einer Startlinie aus auf die Dosenpyramide. Wählen Sie den Abstand so, dass die Dosen gut getroffen werden können. Die Anzahl der umgefallenen Dosen wird in das entsprechende Kästchen geschrieben. (Wenn keine Dose umfällt, weil die Dosenpyramide nicht getroffen wurde, wird eine Null im Kästchen eingetragen.) Das Ergebnis wird berechnet.

Das nächste Kind ist an der Reihe usw. Wenn alle Kinder geworfen haben, wird verglichen. Gewinner ist das Kind, dessen Ergebnis der Rechenaufgabe am niedrigsten ist. Dieses Kind hat am meisten Dosen umgeworfen.

Varianten:

- Jedes Kind darf dreimal werfen. Die Gesamtzahl der umgeworfenen Dosen nach drei Würfen wird subtrahiert.
- Lassen Sie mit weniger Dosen spielen.
- Dieses Spiel ist auch zur Nutzung von Umkehraufgaben möglich. Orientieren Sie sich für die Durchführung hierzu an dem Spiel „Kegeln“.

Zuschauen und rechnen

Addition und Subtraktion

alle

vor der Klasse

–

Durchführung:

Die Klasse wird in zwei Gruppen geteilt. Eine Gruppe (A) beginnt und überlegt sich heimlich eine Plusaufgabe (z. B. 2 + 3), die sie vor der anderen Gruppe darstellt. Der erste Summand wird durch sitzende Kinder präsentiert. Dabei setzt sich eine bestimmte Anzahl Kinder (im Beispiel also zwei Kinder) auf den Boden (oder auf Stühle). Die zweite Zahl der Plusaufgabe wird durch Kinder dargestellt, die sich neben die sitzenden Kinder stellen (im Beispiel also drei Kinder). Die Kinder besprechen sich vorher leise untereinander und entscheiden, wer sich setzt und wer sich hinstellt.

Wie viele Kinder sitzen, wie viele Kinder sind dazugekommen? Wie viele sind es insgesamt? Die Kinder aus Gruppe B melden sich und nennen die Plusaufgabe und das Ergebnis. Dann stellt die Gruppe B eine Plusaufgabe dar.

Für jede richtig genannte Lösung gibt es einen Punkt.

Variante:

Lassen Sie die Kinder eine Minusaufgabe darstellen. Eine bestimmte Anzahl von Schülern sitzt zusammen auf dem Boden. Einige Kinder stehen auf und verlassen die Gruppe (bzw. stellen sich etwas abseits).

Aufgaben würfeln

 Addition und Subtraktion

  ab 2

 an den Plätzen

 Würfel, Papier, Stift

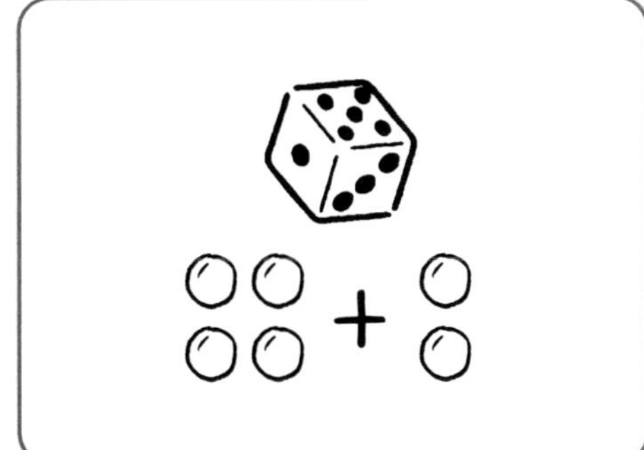

Durchführung:

Bei einem Würfel wird die Sechs mit einem Klebepunkt zugeklebt. Der Klebepunkt soll die Null symbolisieren.

Ein Kind würfelt und malt kleine Kreise entsprechend der gewürfelten Augenzahl auf ein Papier. Dahinter wird ein Pluszeichen gesetzt. Jetzt wird erneut gewürfelt. Mit einer anderen Farbe werden ebenfalls entsprechend der gewürfelten Augenzahl Kreise gemalt – diesmal hinter das Pluszeichen.

Wie viele sind es insgesamt? Das Ergebnis wird aufgeschrieben. Jetzt kommt das Partnerkind an die Reihe. Wenn beide Ergebnisse feststehen, wird verglichen. Wer die kleinere Zahl hat, ist Sieger des Spiels. Der Sieger malt sich einen Smiley auf seinen Zettel. Die Anzahl der Spieldurchgänge sollte vor Spielbeginn vereinbart werden.

Varianten:

- Bei einer Minusaufgabe malt jeder Mitspieler zunächst zehn Kreise auf den Zettel. Die gewürfelte Augenzahl wird weggestrichen.
- Lassen Sie anstelle der gemalten Kreise jeweils Gegenstände legen.

Kegeln

Umkehraufgaben

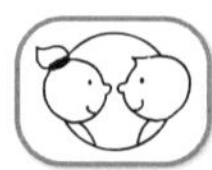 

ab 2

frei im Raum

10 leere Plastikflaschen, Ball, Papier, Stift

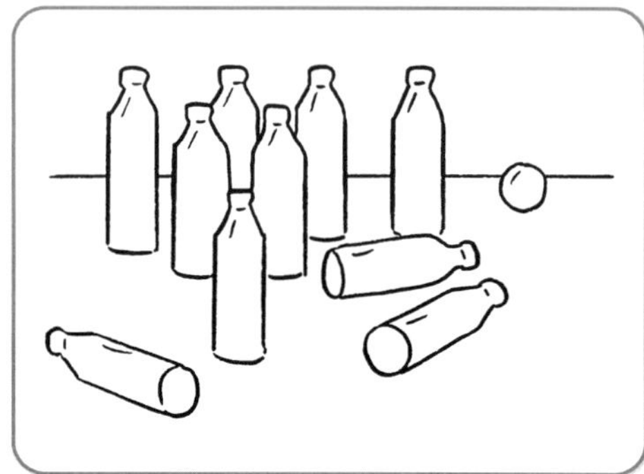

Durchführung:

Ordnen Sie zehn leere Plastikflaschen in Form eines gleichseitigen Dreiecks. Eine Spitze zeigt zum Spieler. Das spielende Kind schreibt eine Zehn (Anzahl der Flaschen) mit einem Minuszeichen dahinter an die Tafel.

Ein Kind beginnt und kegelt einmal von einer Startlinie aus. Die Anzahl der umgeworfenen Flaschen (Kegel) schreibt das Kind hinter das Minuszeichen. Das Ergebnis wird ausgerechnet bzw. die stehengebliebenen Flaschen werden gezählt und hinter das Gleichheitszeichen geschrieben (Bsp.: 10 – 3 = 7).

Im Anschluss wird dieser Vorgang „rückgängig" gemacht, es folgt die Umkehraufgabe. Das Kind soll die stehengebliebenen Flaschen (im Beispiel also 7) zählen und mit einem Pluszeichen an die Tafel schreiben.

Dann werden die umgefallenen Flaschen wieder aufgestellt und die Anzahl der aufgestellten Flaschen (hier also 3) hinter das Pluszeichen geschrieben. Das Ergebnis wird ausgerechnet bzw. die stehenden Flaschen gezählt (Beispiel: 7 + 3 = 10).

Variante:

- Dieses Spiel ist auch zur alleinigen Nutzung für Subtraktionsaufgaben möglich. Orientieren Sie sich für die Durchführung hierzu an dem Spiel „Dosenwerfen".

Spiele im Zahlenraum bis 20

Durchzählen

 Zählen

 alle

 an den Plätzen

 –

Durchführung:

Die Kinder stellen sich vor ihren Stuhl. Sie beginnen und sagen laut „Eins".
Die Kinder sollen nun von der Zahl Eins bis zur Anzahl der Kinder (aber nicht höher als 20) in aufsteigender Reihenfolge durchzählen. Hierbei darf nicht reihum gezählt werden. Jedes Kind darf nur einmal eine Zahl laut aussprechen. Der Zeitpunkt kann von jedem Kind frei gewählt werden. Danach setzt es sich auf seinen Stuhl. Sprechen zwei Kinder gleichzeitig, wird die Runde abgebrochen und wieder bei „Eins" begonnen. Schaffen es die Kinder, nacheinander bis zur 20 bzw. der Anzahl der Kinder entsprechenden Zahl zu zählen?

Varianten:

- In absteigender Reihenfolge durchzählen.
- Beginnen Sie mit einer anderen Zahl (z. B. Vier). Wenn Sie mit einer höheren Zahl beginnen, können Sie bestimmen, bis zu welcher Zahl gezählt wird.
- Das Spiel kann erschwert werden, indem die Kinder die Augen schließen oder auf den Boden blicken.

Der Zahlendieb

Zählen

2

an den Plätzen

Zahlenkärtchen 1 bis 20

Durchführung:

Ein Kind legt die Zahlenkärtchen geordnet in zwei Reihen auf den Tisch. In der oberen Reihe liegen die Zahlen 1 bis 10 und darunter die Zahlen 11 bis 20. Während das Partnerkind die Augen schließt, werden jetzt einige Karten entfernt und verdeckt beiseitegelegt. Nun sollen die fehlenden Zahlenkarten benannt und wieder in die Reihe eingefügt werden.

Varianten:

- Die Zahlenkarten liegen geordnet auf dem Tisch. Zwei Karten werden, ohne dass das Partnerkind es sehen kann, vertauscht.
- Die Zahlenkarten liegen durcheinander auf dem Tisch. Ein Kärtchen wird entfernt.
- Die Zahlenkarten liegen durcheinander auf dem Tisch. Ein Kärtchen wird herausgezogen. Das Partnerkind legt den passenden Vorgänger und Nachfolger an.
- Die Zahlenkarten liegen durcheinander auf dem Tisch. Ein Kärtchen wird herausgezogen. Das Partnerkind beendet die Zahlenreihe.

Zahlenstrahl-Challenge

Zählen

ab 6

frei im Raum, im Flur oder auf dem Schulhof

Zahlenkärtchen 1 bis 19, Tesakrepp oder Kreide

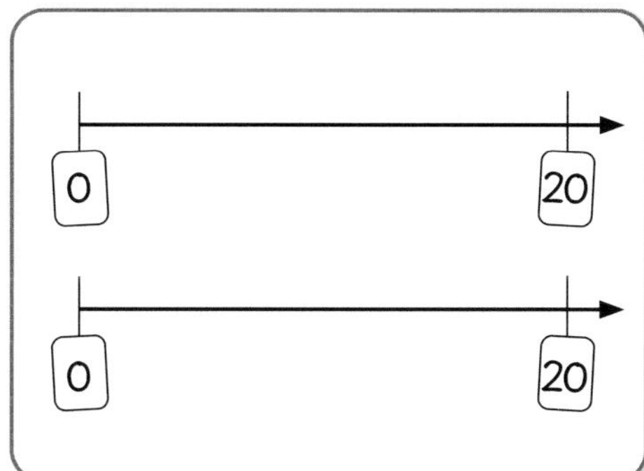

Durchführung:

Kleben Sie mit Kreppband zwei gleich lange Zahlenstrahlen auf den Boden. Schreiben Sie die Zahlen 0 und 20 auf Zettel und kleben sie die Zettel an beide Zahlenstrahlen.

Zunächst werden die Kinder in zwei oder vier Gruppen (je nach Anzahl der Kinder) eingeteilt. In jeder Gruppe sollten drei bis fünf Kinder sein. Je zwei Gruppen spielen gegeneinander, jeder Gruppe wird ein Zahlenstrahl zugeordnet. Es wird abgesprochen, welche zwei Gruppen beginnen.

Mischen Sie die Zahlenkärtchen und verteilen Sie je ein Zahlenkartenset von drei bis fünf Karten an die einzelnen Gruppen. Erklären Sie den Kindern, dass alle Zahlenkärtchen an einen Platz zwischen 0 und 20 gehören. Auf ein Kommando müssen sich die Kinder so schnell wie möglich an die richtige Position auf dem Zahlenstrahl stellen und das entsprechende Zahlenkärtchen hochhalten. Welche Gruppe ist zuerst fertig? Steht jedes Kind richtig? Die Gruppen kontrollieren sich gegenseitig. Im Anschluss kommen die nächsten beiden Gruppen dran.

Varianten:

- Der Zahlenstrahl kann komplett mit Zahlen beschriftet werden.
- Auf dem Schulhof kann die Anzahl der Zahlenstrahlen der Anzahl der Gruppen entsprechen, dann können alle Gruppen gleichzeitig spielen.
- Anstelle des Aufklebens mit Kreppband können die Zahlenstrahlen auf dem Schulhof mit Kreide gezeichnet werden.
- Die Kinder einer Gruppe dürfen die Plätze gegenseitig korrigieren.

Zahlen bündeln

Zahldarstellung / Stellenwertsystem

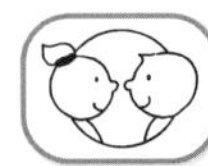 

ab 2

an den Plätzen

2 Eierkartons, 20 Steckwürfel o. ä., Zahlenkarten 10 bis 20

Durchführung:

Die gemischten Zahlenkarten von 10 bis 20 liegen als Stapel verdeckt auf dem Tisch. Außerdem befinden sich auf dem Tisch zwei Eierkartons und 20 Steckwürfel o. ä. Ein Kind beginnt, zieht eine Zahlenkarte, schaut sich die Zahl an, ohne dass das Partnerkind es sehen kann, und legt sie verdeckt vor sich ab. Die Eierkartons sollen nun mit der auf der Karte gezogenen Anzahl gefüllt werden. Dabei muss immer zuerst ein Eierkarton komplett aufgefüllt und der Deckel geschlossen werden. Die übrigen Steckwürfel werden in den zweiten Eierkarton gelegt. Dieser Eierkarton darf nicht geschlossen werden. Das Partnerkind soll nun die Anzahl der Steckwürfel bestimmen. Zur Kontrolle wird die verdeckte Karte offen auf den Tisch gelegt und mit der Anzahl der Steckwürfel in den Eierkartons verglichen. Für jede richtige Antwort gibt es einen Strich. Die Zahlenkarte wird zur Seite gelegt. Jetzt werden die Rollen getauscht.

Hinweise / Tipps:

Die Anzahl der Runden vorher festlegen.

Bei mehr als zwei Kindern erhält das Kind einen Strich, welches als erstes die richtige Anzahl der Steckwürfel nennt.

Die starke Zehn

Zahldarstellung / Stellenwertsystem

2

an den Plätzen

2 Eierkartons, 20 Steckwürfel o. ä., Zahlenkarten 10 bis 20, Stellenwerttafel

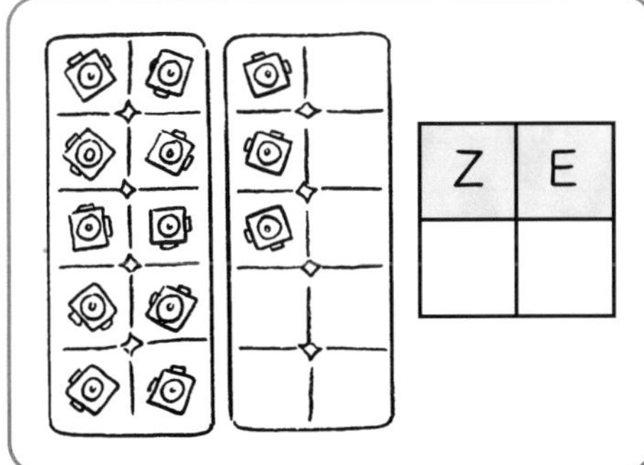

Durchführung:

Das Spiel beginnt zunächst wie bei dem Spiel „Zahlen bündeln". Die gemischten Zahlenkarten von 10 bis 20 liegen als Stapel verdeckt auf dem Tisch. Außerdem befinden sich auf dem Tisch zwei Eierkartons, 20 Steckwürfel o. ä. und eine Stellenwerttafel. Ist keine Stellenwerttafel zur Hand, malt sich jedes Kind zunächst eine Stellenwerttafel, mit den Eintragungen Z für Zehner und E für Einer, auf einen Zettel.

Ein Kind zieht eine Zahlenkarte, schaut sich die Zahl an und legt sie verdeckt vor sich ab. Das Partnerkind darf die Zahl nicht sehen.

Die Eierkartons sollen nun mit der auf der gezogenen Karte stehenden Anzahl gefüllt werden. Dabei muss immer zuerst ein Eierkarton komplett gefüllt werden. Die übrigen Steckwürfel werden in den zweiten Eierkarton gelegt. Beide Eierkartons bleiben geöffnet.

Das Partnerkind soll nun die Anzahl der Steckwürfel bestimmen und in die Stellenwerttafel eintragen. Wie viele volle Kartons (Zehner) und wie viele einzelne Steckwürfel (Einer) sind es? Zur Kontrolle wird die verdeckte Karte offen auf den Tisch gelegt und mit der Anzahl der Steckwürfel in den Eierkartons verglichen. Für jede richtige Antwort gibt es einen Strich. Die Zahlenkarte wird zur Seite gelegt. Jetzt werden die Rollen getauscht.

Hinweise / Tipps:

Legen Sie die Anzahl der Runden vorher fest.

Nach links abgeben

 Zahlbeziehung

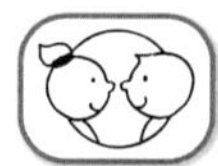  2 bis 3

 im Sitzkreis

 10 Steckwürfel pro Mitspieler, Würfel

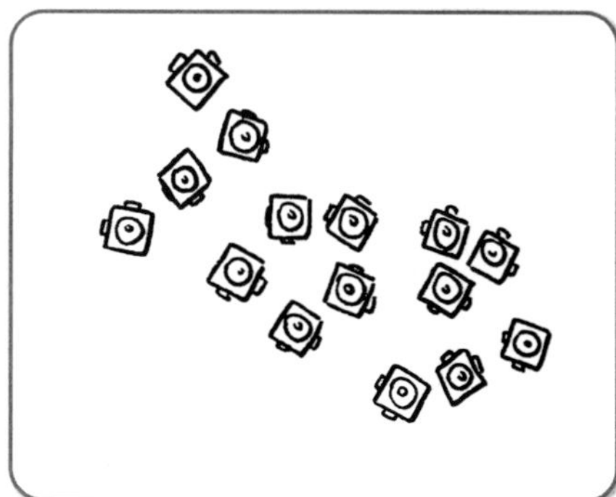

Durchführung:

Jedes Kind erhält 10 Steckwürfel und legt diese vor sich auf den Tisch. Es wird reihum gewürfelt. Das kleinste Kind beginnt. Die gewürfelte Augenzahl wird mit entsprechender Anzahl Steckwürfel an den linken Nachbarn weitergegeben. Nach fünf Spielrunden werden die Anzahlen der Steckwürfel vor den Kindern verglichen. Wer hat mehr, weniger, am meisten oder am wenigsten?

Das Kind mit den wenigsten Steckwürfeln hat gewonnen. Hat ein Kind vor Beendigung der fünf Spielrunden keine Steckwürfel mehr, ist es automatisch Sieger des Spiels. Dann kann der zweite Gewinner ermittelt werden, indem von den verbleibenden Kindern die Zahlen verglichen werden.

Hinweis:

Ist die gewürfelte Augenzahl höher als die Anzahl der Steckwürfel, die vor einem Kind liegen, darf es alle vor sich liegenden Steckwürfel abgeben.

Die kleinere Zahl gewinnt

 Zahlbeziehung

  2 bis 5

 an den Plätzen oder an der Tafel

 Zahlenkärtchen von 1 bis 20,
Zahlenstrahl

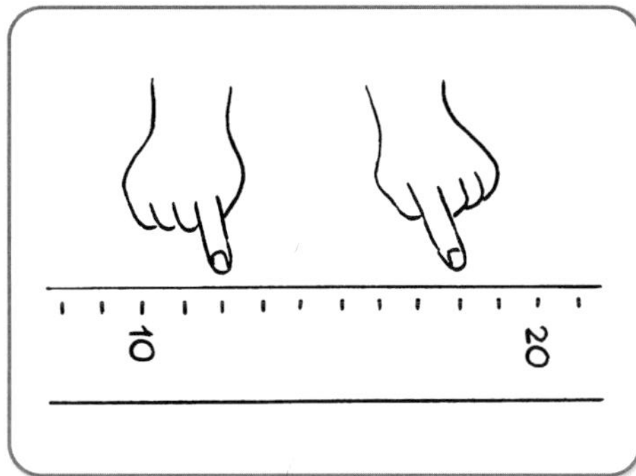

Durchführung:

Ein Zahlenstrahl, beschriftet mit den Zahlen 0, 10 und 20 liegt auf dem Tisch. Die Zahlenkärtchen werden gemischt und verdeckt in einem Stapel auf den Tisch abgelegt. Die Kinder ziehen nacheinander ein Zahlenkärtchen und zeigen mit dem Finger die Lage der gezogenen Zahl am Zahlenstrahl. Die kleinste Zahl gewinnt. Anschließend wird erneut eine Zahl gezogen. Das Spiel ist zu Ende, wenn keine Zahlenkärtchen mehr zu ziehen sind.

Varianten:

- Der Zahlenstrahl kann komplett mit Zahlen beschriftet werden.
- Einen Zahlenstrahl an die Tafel zeichnen oder mit Tesakrepp auf den Boden kleben.
- „Die größte Zahl gewinnt."

Immer die Hälfte

 Zahlbeziehung

  ab 2

 vor der Tafel

 Zahlenkärtchen von 1 bis 20, Seil

Durchführung:

Die Klasse wird in zwei Gruppen geteilt. Die Gruppengröße gibt die höchste Zahl der Zahlenkärtchen vor, mit denen gespielt werden kann. Wenn in einer Gruppe nur acht Kinder sind, entfernen Sie alle anderen Zahlenkarten, sodass nur noch die Zahlenkärtchen von 1 bis 8 in dem Stapel vorhanden sind. Die Zahlenkärtchen werden gemischt und verdeckt auf den Tisch gelegt.

Die Kinder der Gruppe A ziehen ein Zahlenkärtchen und stellen sich entsprechend der gezogenen Anzahl vor die Tafel. Gruppe B versucht, diese Kinder gerecht zu teilen, indem zwischen die Kinder ein Seil gelegt wird.

Auf jeder Seite des Seiles muss dieselbe Anzahl Kinder stehen. Bei gelungener Halbierung darf Gruppe B das Zahlenkärtchen behalten. Wenn sich die Zahl nicht halbieren lässt, hat die Gruppe „Pech gehabt“. Dieses gezogene Zahlenkärtchen darf nicht behalten werden und wird zur Seite gelegt. Anschließend wird gewechselt. Gruppe B zieht ein Zahlenkärtchen, die Kinder stellen sich entsprechend der gezogenen Anzahl vor die Tafel und Gruppe A versucht zu halbieren. Gewonnen hat die Gruppe, die mehr Zahlenkärtchen hat.

Variante:

Gegenstände auf den Tisch legen, dann spielt die Anzahl der Kinder keine Rolle.
Mit einem Stück Wolle gerecht teilen.

Immer das Doppelte

 Zahlbeziehung

  ab 2

an den Plätzen

 –

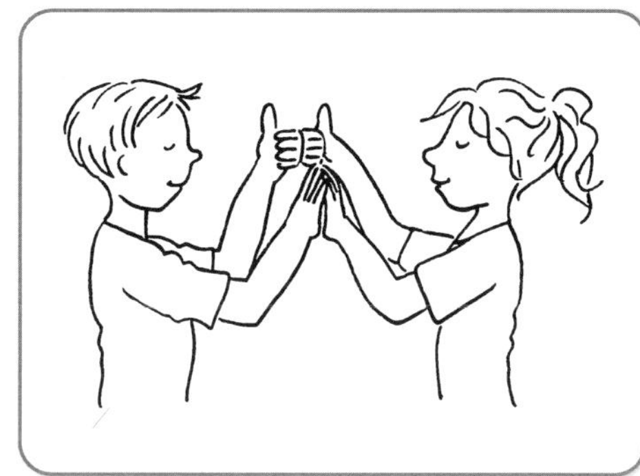

Durchführung:

Je zwei Kinder sitzen sich gegenüber, schließen ihre Hände zu Fäusten und führen die Fäuste deutlich zusammen. Machen Sie nun eine Ansage, z. B. „Verdoppelt die Sechs“. Die sich gegenübersitzenden Kinder sollen so schnell wie möglich, ohne abzuzählen, mit den Fingern die genannte Anzahl zeigen. Wählen Sie ein Kind aus, das nun sagen soll, was es macht („Wir verdoppeln Sechs)“ und sieht („Zwei Fünfer sind Zehn, Eins und Eins sind Zwei, Zehn plus Zwei sind Zwölf“).

Anschließend darf dieses Kind eine neue Ansage zum Verdoppeln machen und ein Kind auffordern, sein Vorgehen zu beschreiben. (Die Zahlen, die als Ansage zum Verdoppeln genannt werden, dürfen nicht größer als Zehn sein.)

Variante:

Wenn das Spiel nur zu zweit gespielt wird, macht eins der Kinder die Ansage zum Verdoppeln, das andere Kind nennt die Lösung.

Fingerbilder

Zahlbeziehung, Mengen-/Zahlzerlegung

3

an den Plätzen

Stift

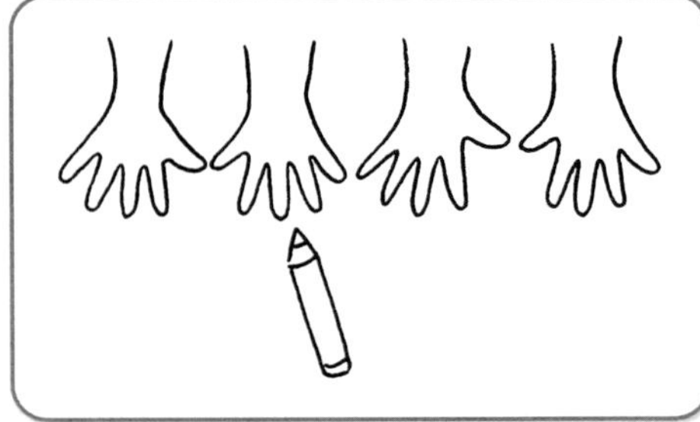

Durchführung:

Zwei Kinder sitzen nebeneinander und legen die Hände auf den Tisch. Sie (oder ein drittes Kind) legen den Stift zwischen zwei Finger. Auf die Frage „Wie viele Finger siehst du links und rechts vom Stift?“, nennt eins der beiden Kinder die Anzahl der Finger, die es sieht. Die Leserichtung erfolgt von links nach rechts. Im Anschluss wird gewechselt, ein anderes Kind soll die Finger-Anzahlen bestimmen.

Variante:

Die Hände werden mit einem Tuch abgedeckt, sodass sie nicht mehr zu sehen sind. Ein Kind bekommt eine Zahl genannt (z. B. 7). Es wird aufgefordert, sich die Hände und den Stift vorzustellen. Wie viele Finger muss sich das Kind „hinzudenken“, damit es insgesamt 20 sind?

Würfelgeheimnis lösen

Mengen-/Zahlzerlegung

2

an den Plätzen

3 Würfel, Becher, Papier

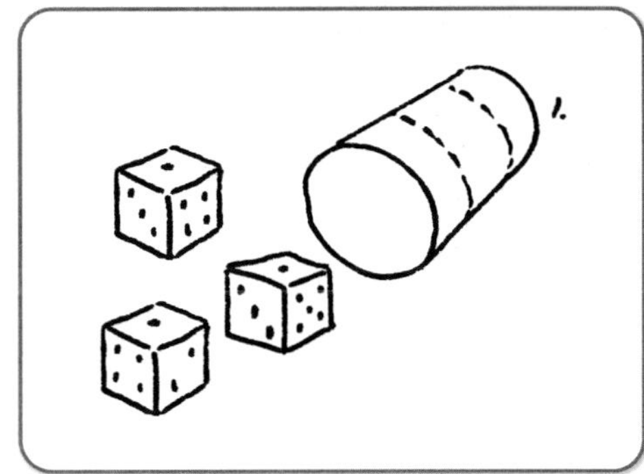

Durchführung:

Drei Würfel sind im Würfelbecher und werden nach dem Schütteln des Bechers auf den Tisch gestülpt. Ein Kind schaut so unter den Würfelbecher, dass das andere die Würfel nicht sehen kann. (Hierzu eventuell den Würfelbecher bzw. die Würfel mit einem Papier abschirmen.)

Die Zahlen werden addiert und die Summe genannt (z. B. 13). Das andere Kind soll versuchen, durch geschicktes Nachfragen herauszufinden, welche Augenzahlen gewürfelt wurden, z. B. „Ist eine Sechs dabei?"

Ist die erfragte Zahl unter dem Würfelbecher, wird dieser Würfel dem ratenden Kind gegeben. Das Kind weiß nun, dass insgesamt noch 7 Augen unter dem Würfelbecher liegen. Die übrigen Würfel können also 1 und 6, 2 und 5, oder 3 und 4 anzeigen. Es fragt so lange weiter, bis alle Würfelaugen ermittelt sind. Gewinner ist das Kind, das die wenigsten Fragen stellen musste.

Erbsenzähler

Addition

ab 2

an den Plätzen

20 Streichholzschachteln,
Erbsen o. ä., Papier, Stift

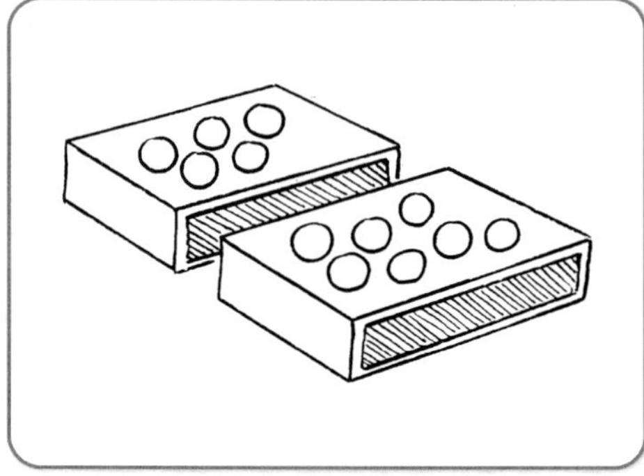

Durchführung:

Füllen Sie zweimal zehn Streichholzschachteln mit jeweils 1 bis 10 Erbsen. Die gefüllten Streichholzschachteln liegen vermischt auf dem Tisch. Ein Kind zieht eine Schachtel, öffnet sie und zählt die Anzahl der Erbsen. Dann zieht das Kind eine zweite Schachtel, öffnet sie und zählt wieder die Anzahl der Erbsen aus dieser Schachtel. Jetzt rechnet das Kind eine Plusaufgabe, indem es die beiden Zahlen addiert. Beim Addieren können alle Erbsen einzeln abgezählt werden. Das Ergebnis wird aufgeschrieben.

Die Streichholzschachteln werden wieder unter die anderen gemischt. Der nächste ist an der Reihe. Gewinner ist das Kind mit dem höchsten Ergebnis.

Die Anzahl der Spielrunden sollte vorher vereinbart werden.

Die Mehr-/Weniger-Maschine

Addition/Subtraktion

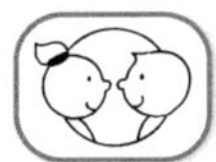 

ab 2

an den Plätzen

2 mal 10 Spielplättchen o. ä. (2 Farben), Zahlenkärtchen 1 bis 10, Würfel, Pappe (ca. A4), Schachtel, 2 Becher

Durchführung:

Basteln Sie mit den Kindern eine Mehr-/Weniger-Maschine, wie oben abgebildet. Kleben Sie dazu eine Schachtel an das untere Ende einer Pappe. Die Schachtel ist der Ständer und dient gleichzeitig als Auffangbehälter für die Spielplättchen. Schneiden Sie von zwei Bechern den Boden ab und kleben Sie die Becher ca. 10 cm über der Schachtel fest. Die Zahlenkärtchen werden gemischt und verdeckt in einem Stapel auf den Tisch gelegt. Die Spielplättchen liegen farbig getrennt auf dem Tisch. Ein Kind beginnt, zieht eine Karte (z. B. 8) und legt diese offen auf den Tisch. Ziel des Spieles ist es, eine möglichst hohe oder niedrige Anzahl Plättchen als Ergebnis zu erhalten. Danach wird gewürfelt (z. B. 5) und entschieden, ob die auf dem Tisch liegende Zahl um die gewürfelte Augenanzahl „mehr" oder „weniger" werden soll (8 ... 5 weniger?).

Das Kind wirft so viele Spielplättchen durch den linken Becher, wie es die gezogene Zahl angibt. Sollte die Zahl (um 5) „weniger" werden, entfernt das Kind aus der Schachtel Chips, zählt dabei rückwärts und gibt schließlich das Ergebnis an, im Beispiel also 3.
Sollte die Zahl „mehr" werden, werden in den rechten Becher die andersfarbigen Spielplättchen geworfen. Dabei zählt das Kind entsprechend der gewürfelten Zahl vorwärts und gibt an, was 5 „mehr" ist. Danach ist das nächste Kind dran. Die Anzahl der Spielrunden vorher festlegen. Die Kinder, deren Ergebnisse am höchsten bzw. am niedrigsten sind, gewinnen.

Variante:

Vor Spielbeginn kann eine feste Zahl gewählt werden (z. B. 2), das Würfeln entfällt. So wird das Finden der Zahl geübt, die immer entsprechend größer („mehr") oder kleiner („weniger") ist.

Puste-Turm

Addition / Subtraktion

ab 2

an den Plätzen

Becher, 3 Würfel, Papier, Stift

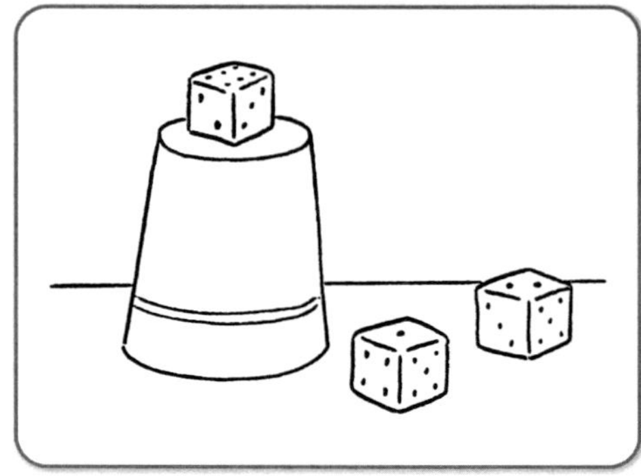

Durchführung:

Zwei Würfel sind im Becher und werden nach dem Schütteln des Bechers auf den Tisch gestülpt. Der dritte Würfel wird auf den Becher mit der Sechs nach oben gelegt. Jetzt pustet der Spieler so lange gegen den Würfel, der auf dem Becher liegt, bis dieser herunterfällt. Die Augenzahlen der beiden Würfel unter dem Becher und die Augenzahl des heruntergepusteten Würfels werden addiert. Das Ergebnis wird auf einem Zettel notiert. Jetzt kommt der nächste Spieler an die Reihe. Sieger des Spiels ist derjenige mit dem höchsten Ergebnis.

Wenn Probleme beim Addieren von Zahlen im Kopf bestehen, können die Augenzahlen der Würfel einzeln abgezählt werden.

Variante:

- Dieses Spiel kann auch mit nur zwei Würfeln gespielt werden.
- Als Subtraktionsaufgabe: Dabei werden die Würfel unter dem Becher addiert und die Zahl des heruntergepusteten Würfels subtrahiert.

Die Zwanzig und die Null

Addition/Subtraktion

2

an den Plätzen

Würfel

Durchführung:

Das erste Kind würfelt mit einem Würfel, nennt die gewürfelte Zahl (z. B. 5) und gibt den Würfel an seinen Spielpartner weiter. Der Spielpartner würfelt ebenfalls (z. B. 3) und sagt: „5 + 3 = 8". Das erste Kind ist wieder mit Würfeln an der Reihe und addiert wiederum seine gewürfelte Zahl (z. B. 4) zum letzten genannten Ergebnis, es nennt die Aufgabe mit Lösung, also hier: „ 8 + 4 = 12".
So wird weitergewürfelt, bis die Summe die Zahl 20 überschreiten würde. Wer über die Zahl 20 kommt, erhält einen Minuspunkt. Danach beginnt das Spiel von neuem. Verloren hat der Spieler, der zuerst drei Minuspunkte hat.

Variante:

Minusaufgaben rechnen mit der Startzahl 20:
Das erste Kind würfelt (z. B. 3) und sagt: „20 – 3 = 17". So wird weitergewürfelt und subtrahiert, bis das Ergebnis die 0 unterschreiten würde.

Ich behalte oder ich tausche

 Tauschaufgaben

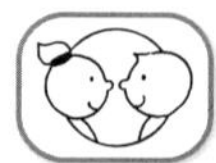  2 bis 4

 an den Plätzen

 Papier, Stift, Zahlenkärtchen 1 bis 10

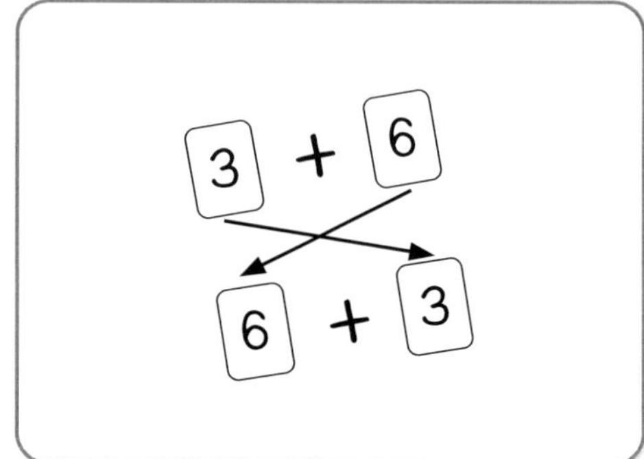

Durchführung:

Die Zahlenkärtchen werden gemischt und verdeckt auf den Tisch gelegt. Auf einen Zettel wird ein Pluszeichen geschrieben und vor die Kinder gelegt.

Ein Kind dreht ein Zahlenkärtchen um und legt dieses vor das Pluszeichen. Ein anderes Kind dreht ebenfalls ein Zahlenkärtchen um und legt dieses hinter das Pluszeichen.

Nun wird die Aufgabe betrachtet. Die Kinder sollen blitzschnell entscheiden, ob sie die Aufgabe zum Ausrechnen so belassen oder lieber tauschen wollen.

Getauscht werden soll nur dann, wenn das Ausrechnen der Rechenaufgabe durch die Tauschaufgabe einfacher wird.

Welches Kind sagt zuerst: „Ich behalte“ oder „Ich tausche“? Bei dem Satz „Ich tausche“ muss die zugehörige Tauschaufgabe genannt werden.

Variante:

Die Aufgabe wird zusätzlich ausgerechnet.

Spiele im Zahlenraum bis 100

Bis zum nächsten Zehner

Zählen

2

an den Plätzen

Hundertertafel zum Zerschneiden

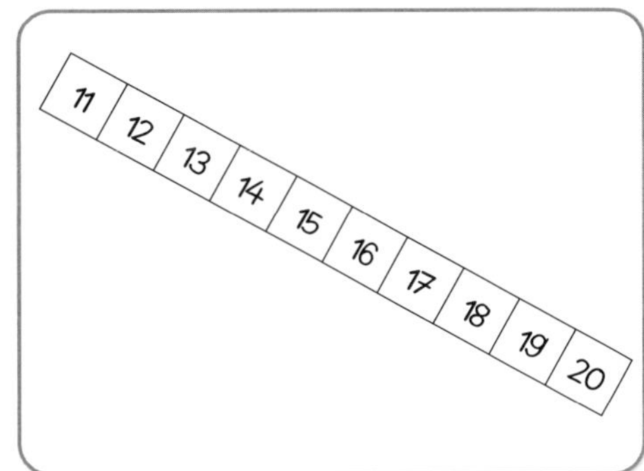

Durchführung:

Je zwei Kinder erhalten eine Hundertertafel und malen die Zehnerzahlen grün an. Anschließend wird die Hundertertafel in Streifen zerschnitten und zu einem Zahlenband zusammengeklebt. Ein Kind beginnt und nennt eine Zahl. Das Partnerkind zeigt die Zahl auf seinem Zahlenband und zählt laut bis zum nächsten Zehner weiter. Dabei zeigt es mit seinem Finger auf die Zahlen. Bei welcher Zahl landet das Partnerkind? Jetzt wird gewechselt.

Varianten:

- Bis zum übernächsten Zehner zählen.
- Rückwärts zählen.
- Ein Kind nennt eine Zahl. Das andere Kind zeigt die Zahl auf dem Zahlenband, schließt seine Augen und zählt vorwärts oder rückwärts.
- Nachbarzahlen finden: Ein Kind nennt eine Zahl. Das Partnerkind belegt die Zahl mit einer Spielfigur und benennt Vorgänger und Nachfolger.

Schätzspiel

Zahldarstellung / Stellenwertsystem

ab 2

an den Plätzen oder im Sitzkreis

100 Steckwürfel o. ä., Papier, Stift

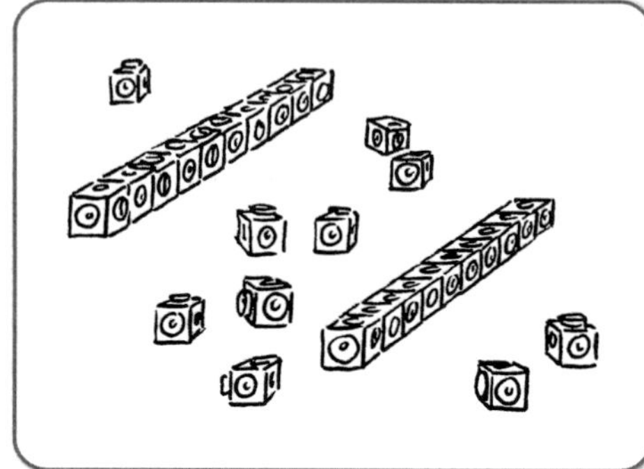

Durchführung:

Legen Sie eine unbestimmte Menge Steckwürfel auf den Tisch. Die Kinder sollen schätzen, wie viele Steckwürfel es insgesamt sind, und die Schätzzahl aufschreiben. Ein Kind beginnt und fängt an, die Steckwürfel zu ordnen. Dabei werden immer zehn Steckwürfel zu einem Zehner gebündelt. Alle Steckwürfel werden entsprechend dem Zehnersystem übersichtlich geordnet, sodass man auf einen Blick sehen kann, wie viele es insgesamt sind. Das Kind, das die Steckwürfel geordnet hat, benennt die richtige Anzahl und alle Kinder schreiben die ermittelte Zahl ebenfalls auf ihren Zettel mit der Schätzzahl. Wer hat am besten geschätzt? Anschließend darf dieses Kind eine Menge Steckwürfel auf den Tisch legen und ein anderes Kind bündelt und zählt usw.

Wenn zu zweit gespielt wird, legt eins der beiden Kinder eine Menge Steckwürfel auf den Tisch. Beide Kinder schätzen.

Varianten:

- Um wie viel haben sich die Kinder verschätzt? Dabei werden Schätzzahl und Bündelungszahl miteinander verglichen und der Unterschied ermittelt.
- Lassen Sie in Gruppen spielen. Legen Sie vorab die Anzahl der Spielrunden fest. Die Gruppe, in der das Kind mit dem besten Schätzwert ist, erhält einen Punkt. Welche Gruppe gewinnt?

Zehner-Einer-Quiz

 Zahldarstellung / Stellenwertsystem

  ab 2

 an den Plätzen

 –

Durchführung:

Überlegen Sie sich eine Zahl, die Sie in Zehner und Einer zerlegen.

Formulieren Sie ein Rätsel, z. B.: „Ich denke mir eine Zahl, die hat vier Zehner und sieben Einer. Wie heißt sie?“

Wählen Sie ein Kind, welches die Zahl nennt. Anschließend darf dieses Kind sich ein neues Zehner-Einer-Quiz ausdenken und jemanden aufrufen.

Variante:

Es wird eine Zahl genannt, die in Zehner und Einer zerlegt werden soll.

Zahlenblick

Zahldarstellung / Stellenwertsystem

2

an den Plätzen

Hunderterfeld, Papierwinkel, Pappe

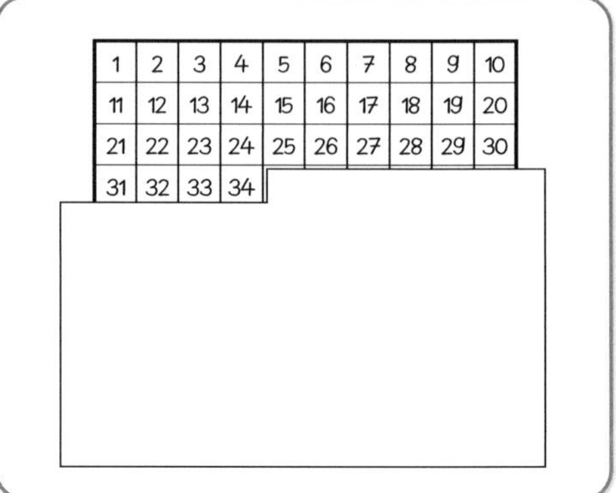

Durchführung:

Bereiten Sie einen Papierwinkel vor, wie oben abgebildet.

Ein Kind beginnt und legt den Papierwinkel auf das Hunderterfeld, sodass z. B. noch 34 Punkte sichtbar sind. Das andere Kind soll sagen, wie viele Zehner und wie viele Einer es sehen kann, z. B.: „Ich sehe 3 Zehner und 4 Einer. Die Zahl heißt 34."

Im zweiten Durchgang legt das Kind den Papierwinkel nur kurz (ca. 2 Sekunden) an eine andere Stelle, sodass eine neue Punkteanzahl sichtbar ist. Der Papierwinkel und das Hunderterfeld wird jetzt mit einem Stück Pappe (evtl. undurchsichtiges Papier) abgeschirmt, sodass das andere Kind es nicht mehr erkennen kann. Dieses versucht, aus der Erinnerung die Zehner und Einer zu benennen. Zur Kontrolle kann die Pappe entfernt werden.

Dann werden die Rollen gewechselt. Für jeden richtigen „Zahlenblick" gibt es einen Punkt.

Variante:

Ein Kind nennt eine Zahl, das andere Kind zeigt die Zahl durch Anlegen des Papierwinkels.

Zahlenrätsel

Orientierung im Zahlenraum

2

an den Plätzen

Hundertertafel, Stift

1	2	3	4	5	6	7	8	9	10
11	12	13	14	15	16	17	18	19	20
21	22	23	24	25	26	27	28	29	30
31	32	33	34	35	36	37	38	39	40
41	42	43	44	45	46	47	48	49	50
51	52	53	54	55	56	57	58	59	60
61	62	63	64	65	66	67	68	69	70
71	72	73	74	75	76	77	78	79	80
81	82	83	84	85	86	87	88	89	90
91	92	93	94	95	96	97	98	99	100

Durchführung:

Ein Kind beginnt und nennt ein Zahlenrätsel.

Bsp.: „Meine Zahl liegt vor der 54.“

- „... ist eine Zehnerzahl zwischen 50 und 70.“
- „... eine Zahl unter der 36“

Errät der Partner die richtige Zahl, darf dieses Zahlenfeld angemalt werden.
Jetzt stellt der Partner ein Zahlenrätsel. Wer löst die meisten Rätsel?

Der Größe nach ordnen

 Orientierung im Zahlenraum

  ab 2

 an den Plätzen

 Papier, Stift

Durchführung:

Jedes mitspielende Kind schreibt auf einen Notizzettel eine ausgedachte Zahl zwischen 1 und 100. Die Zettel werden eingesammelt, gemischt und verdeckt auf einen Stapel gelegt. Nacheinander zieht jedes Kind eine Zahlenkarte von dem Stapel.

Gemeinsam ordnen die Kinder die Zahlenkarten in aufsteigender Folge. Dabei überlegt jedes Kind, wo es seine eigene gezogene Zahl positionieren möchte. Kommt eine Zahl bereits vor, wird die auf dem Zettel stehende Zahl vergrößert. Dazu wird die Zahl durchgestrichen und neu aufgeschrieben. Die Kinder kontrollieren die gelegten Zahlen selbst.

Varianten:

- Die Kinder wechseln sich ab und ordnen bei jedem Spieldurchgang jeweils alleine die Zahlenkarten. Bei jedem Spieldurchgang müssen neue Zahlen aufgeschrieben werden.
- Die Kinder spielen in Gruppen gegeneinander.
- Die Zahlenkarten werden in absteigender Folge geordnet.

Die Mehr-Weniger-Kette

Addition / Subtraktion

ab 2

im Sitzkreis oder an den Plätzen

–

Durchführung:

Nennen Sie eine Zahl. Ein Kind beginnt und muss zu der genannten Zahl 2 addieren und das Ergebnis nennen. Das nächste Kind in der Sitzreihenfolge ist an der Reihe und addiert erneut 2 zum genannten Ergebnis usw.

Die Zahlenkette wird solange aufgesagt, bis die Summe die Zahl 100 erreicht.

Variante:

Bei 100 beginnen und immer eine vorher abgesprochene Zahl subtrahieren.

Aufgabe sucht Lösung

 Einmaleins-Reihen

 alle

 frei im Raum

 Papier, Stift

Durchführung:

Die Klasse wird in zwei Gruppen geteilt. Schreiben Sie eine Einmaleins-Reihe, die trainiert werden soll, immer als Aufgabe und Lösung auf je einen Zettel.

(Die Anzahl der Aufgaben bzw. Lösungen muss der Anzahl der Kinder entsprechen. Sollten mehr als zehn Kinder in einer Gruppe sein, schreiben Sie einige Aufgaben bzw. Lösungen doppelt auf.)

Von Gruppe A erhält jedes Kind einen Zettel mit einer Malaufgabe. Gruppe B erhält entsprechend die Lösung zu den verteilten Malaufgaben. Die Kinder laufen frei durch den Raum. Finden sich je zwei Kinder, deren Aufgabe und Lösung zusammengehören, bleiben die Kinder stehen. Wenn alle Kinder einen Partner gefunden haben, nennen die zusammenstehenden Kinder ihre Malaufgabe und die Lösung.

Alle Kinder mit Aufgaben und Lösungen, welche nicht zusammengehören, scheiden aus und setzen sich hin.

Danach werden die Aufgaben und Lösungen neu verteilt. Dabei müssen die Zettel entsprechend der Anzahl sitzender Kinder reduziert werden.

Bei einer ungeraden Schülerzahl gibt es zu einer Aufgabe keine Lösung. Wenn alle Kinder einen Partner gefunden haben, bleibt ein Kind übrig und scheidet dann automatisch aus. Alternativ könnte es auch aufgefordert werden, die richtige Lösung zu nennen.

Stehaufmännchen

Einmaleins-Reihen

alle

Sitzkreis

–

Durchführung:

Wählen Sie eine beliebige Einmaleins-Reihe aus, die trainiert werden soll.

Die Kinder sitzen im Kreis und zählen flüsternd der Reihe nach. Ein Kind beginnt mit der Eins. Immer, wenn eine Zahl als Ergebnis der gewählten Einmaleins-Reihe vorkommt, stellt sich das Kind hin, sagt die Zahl laut und setzt sich wieder. Im Flüsterton wird weitergezählt, bis wieder eine Zahl der gewählten Einmaleins-Reihe vorkommt.

Für rechenschwache Kinder sollte die jeweilige Einmaleins-Reihe vorher an die Tafel geschrieben werden.

Variante:

Lassen Sie rückwärts zählen, beginnen Sie dabei z. B. bei 100.

Wie heißt die Malaufgabe?

Einmaleins-Reihen

2

an den Plätzen

–

Durchführung:

Vor jedem Kind liegt eine Einmaleins-Reihe, die trainiert werden soll, einschließlich der Ergebnisse. Ein Kind nennt ein Ergebnis einer Einmaleins-Aufgabe. Das andere Kind soll die Malaufgabe dazu suchen und nennen.
Dann werden die Rollen getauscht.
Wie schnell finden die Kinder die zur Rechnung passende Malaufgabe?
Werden die Kinder schneller?
Welche Aufgaben werden schon auswendig gewusst?
Wer braucht gar nicht mehr auf die Vorlage zu schauen?

Rücken an Rücken

Einmaleins-Reihen

2

vor der Tafel

Papier, Stift, Klebeband, Stoppuhr

Durchführung:

Auf zwei Zettel werden jeweils die Ergebnisse einer Einmaleins-Reihe, die trainiert werden soll, nebeneinander aufgeschrieben (z. B. 7, 14, 21, 28 ...).

Zwei Kindern wird der Zettel mit Klebeband auf dem Rücken befestigt. Die Kinder stehen Rücken an Rücken, jeder mit einem Stift in der Hand.

Ein Kind beginnt, dreht sich nur mit dem Oberkörper zum Partnerkind, streicht die erste Zahl durch und benennt diese laut (z. B. 7), anschließend dreht es sich wieder zurück. Sofort im Anschluss dreht sich das andere Kind nur mit dem Oberkörper um, streicht die im Anschluss folgende Einmaleins-Zahl durch und benennt sie laut (hier also 14).

Das Ziel ist erreicht, wenn die letzte Zahl der Reihe durchgestrichen und laut genannt wurde. In welcher Zeit haben die Kinder alle Einmaleins-Zahlen genannt? Schaffen sie es noch schneller?

Variante:

Lassen Sie die Kinder im Wettbewerb mit anderen Paaren spielen.
Welche Partnerkinder sind am schnellsten?

Die Reihe

Einmaleins-Reihen

alle

Sitzkreis

Ball

Durchführung:

Ein Kind wirft den Ball einem anderen Kind zu und nennt die erste Zahl einer Einmaleins-Reihe (z. B. 4). Das Kind, das den Ball gefangen hat, nennt die zweite Zahl dieser angefangenen Reihe (im Beispiel also 8). Es wirft den Ball wiederum einem Kind zu, welches die dritte Zahl der angefangenen Reihe nennt (12) usw.

Nach der letzten Zahl der Einmaleins-Reihe (hier 40) wird eine neue Reihe angefangen oder die gleiche Reihe noch einmal wiederholt.

Alle Kinder passen auf, dass keine falsche Zahl genannt wird. Passiert ein Fehler, muss die Reihe wieder mit der ersten Zahl begonnen werden.

Variante:

Für rechenschwache Kinder sollte die jeweilige Einmaleins-Reihe vorher an die Tafel geschrieben werden.

Die Popcornakrobaten

Division

ab 2

frei im Raum

Popcorn, Strohhalme, 2 Schüsseln, Zettel, Stühle

Durchführung:

Schreiben Sie eine Divisionsaufgabe (z.B. 36 : 4 = ____) an die Tafel. Die Klasse wird in zwei gleich große Gruppen geteilt. Die Kinder einer Gruppe stellen sich in einer Reihe hintereinander auf. Vor jeder Gruppe steht ein Stuhl. Auf beiden Stühlen steht eine Schüssel mit der abgezählten Menge Popcorn, die geteilt werden soll (im Beispiel also 36 Popkorn-Stücke). Vor jeder Gruppe liegen auf einem Tisch (in ca. 1 Meter Abstand) eine bestimmte Anzahl Zettel (ggf. auch Schüsseln), in die das Popcorn aufgeteilt werden soll (hier also 4 Zettel bzw. Schüsseln). Jedes Kind bekommt einen Strohhalm.

Auf „Los" starten aus beiden Gruppen die ersten Kinder. Ein Popcorn muss mit dem Strohhalm angesaugt, zu dem Tisch transportiert und dort auf einem Zettel abgelegt werden. Das Kind läuft zur Gruppe zurück, klatscht das nächste Kind ab und stellt sich hinten an die Reihe. Nach dem Abklatschen ist das nächste Kind aus dem Team dran und legt sein Popcorn auf einen anderen Zettel ab. Fällt das Popcorn herunter, muss es wieder mit dem Strohhalm angesaugt werden. Berührt ein Kind das Popcorn mit den Händen, muss es wieder an den Anfang zurück, erneut das Popcorn ansaugen und zum Tisch laufen.

Das Team, das zuerst das gesamte Popcorn auf den Zetteln (bzw. in den Schüsseln) verteilt hat, ruft „Stopp". Anschließend wird überprüft, ob das Popcorn gerecht verteilt wurde: Auf jedem Zettel müssen gleich viele Popcorn-Stücke liegen.
Ist das der Fall, wählen Sie ein Kind dieser Gruppe aus, welches das Ergebnis der Divisionsaufgabe nennt. Stimmt das Ergebnis, erhält diese Gruppe einen Punkt.

Die Flockenwerfer

Division

ab 2

frei im Raum

Popcorn, Tüten o. ä., 1 Schüssel, 1 Tisch

Durchführung:

Schreiben Sie eine Divisionsaufgabe (z. B. 21 : 3 = ____) an die Tafel. Auf dem Tisch steht eine Schüssel mit der abgezählten Menge Popcorn, die geteilt werden soll (im Beispiel also 21 Teile). Ebenfalls auf dem Tisch stehen nebeneinander die Tüten, in die das Popcorn jeweils geworfen werden soll. Die Entfernung zum Flockenwerfer sollte so gewählt werden, dass die Tüten gut getroffen werden können.

Ziel ist es, die Popcornflocken in die Tüten zu werfen, sodass sie gerecht verteilt sind. Die Lösung darf der Flockenwerfer nur dann nennen, wenn alle Popcornflocken in den Tüten verteilt sind. Zur Kontrolle kann in die Tüten geschaut werden. Fällt ein Popcorn daneben, darf mit dem heruntergefallenen Popcorn noch einmal geworfen werden. Fällt erneut das Popcorn daneben, scheidet das Kind aus. Sind alle Popcornflocken in den Tüten gelandet, wird überprüft, ob das Popcorn gerecht verteilt wurde: In jeder Tüte sollte gleich viel Popcorn liegen. Ist das der Fall, darf das Kind die Lösung nennen und erhält bei richtigem Ergebnis einen Punkt.

Das nächste Kind ist an der Reihe und bekommt eine neue Divisionsaufgabe gestellt. Die Anzahl der Popcorn-Stücke sowie die Anzahl der Tüten muss dann entsprechend angepasst werden.

Variante:

In Teams spielen. Das Team mit den meisten Treffern bzw. richtigen Lösungen gewinnt.

Spiele im Zahlenraum bis 1000

Der Geheimzahlcodeknacker

 Zahldarstellung / Stellenwertsystem

  ab 4 (auch in Partnerarbeit oder in 4 Gruppen möglich)

 frei im Raum

 Papier, Stift, Ziffernkarten von 0 bis 9 (doppelt)

Durchführung:

Die Zahlenkarten werden gemischt und als Stapel verdeckt auf den Tisch gelegt. Es gibt vier Stationen (z. B. die Ecken des Klassenraums). An den Stationen 1 bis 3 steht jeweils ein „Geheimzahlzeichner“ mit Papier und Stift. Das Kind der Station 1 zeichnet die Hunderter- (je Hunderter: ein Kästchen), an Station 2 werden die Zehner- (je Zehner: einen Strich) notiert und an Station 3 die Einerzahlen (je Einer: einen Punkt). Wird eine 0 gezogen, darf nichts auf den Zettel gemalt werden. An Station 4 steht der Geheimzahlcodeknacker.

Die Kinder der Station 1 bis 3 ziehen jeweils eine Ziffernkarte, gehen zu ihrer Station zurück und zeichnen das entsprechende Zahlenbild auf ein Papier. Der Geheimzahlcodeknacker (an Station 4) sammelt die Zahlenbilder ein und schreibt die Zahl, die durch das Verbinden der Zahlenbilder entsteht, an die Tafel.

Die Kontrolle erfolgt mit den Zahlenbildern bzw. den gezogenen Zahlenkarten.

Die Zahlenkarten werden wieder unter den Stapel gemischt und jedes Kind wandert eine Station weiter.

Varianten:

- Wenn in Gruppen gespielt wird, können sich die Kinder jeweils absprechen und einander helfen. Die ganze Gruppe wandert immer eine Station weiter.
- Wenn das Spiel zu zweit gespielt wird, zieht ein Kind drei Karten und zeichnet die Zahlenbilder auf drei verschiedene Zettel. Das andere Kind ist der Geheimzahlcodeknacker.

Zahlen kegeln

Zahldarstellung / Stellenwertsystem

ab 2

frei im Raum

Ball, 9 leere Plastikflaschen, Papier, Stift

Durchführung:

Neun leere Plastikflaschen werden als Kegel aufgestellt. Jedes Kind zeichnet eine Stellenwerttafel mit drei Spalten auf. In die Spalten werden von links nach rechts H (für Hunderter), Z (für Zehner) und E (für Einer) eingetragen.

Jedes Kind darf dreimal kegeln, die umgeworfenen Kegel werden immer wieder aufgestellt. Nach jedem Wurf muss sich das Kind entscheiden, ob es die Anzahl der umgeworfenen Flaschen als Hunderter-, Zehner- oder Einer-Stelle in die Stellenwerttafel einträgt. Nach dem dritten Wurf ist eine dreistellige Zahl entstanden. Das Kind mit der höchsten Zahl hat gewonnen.

Varianten:

- Vor dem Wurf ist laut und deutlich anzusagen, auf welche Position die Zahl geschrieben wird.
- Es werden grundsätzlich zuerst die Einer, dann die Zehner und zum Schluss die Hunderter geworfen.
- Die niedrigste Zahl gewinnt.
- Lassen Sie in Gruppen spielen.

Welche Zahl entsteht?

Zahldarstellung / Stellenwertsystem

ab 2

an den Plätzen oder vor der Tafel

Würfel

Durchführung:

Die Klasse wird in zwei Gruppen eingeteilt. Die Kinder innerhalb einer Gruppe stellen sich hintereinander auf. Schreiben Sie eine Hunderter-, eine Zehner- und eine Einer-Zahl (geordnet oder ungeordnet) an die Tafel.

Die jeweils ersten Kinder der Reihe müssen im Kopf überlegen, wie die (zusammengesetzte) Zahl heißt. Dann würfeln die Kinder.

Wer die höhere Zahl würfelt, darf die Lösung sagen. Ist es richtig, darf sich das Kind setzen. Ist die genannte Zahl falsch, darf der erste Schüler der anderen Gruppe seine Zahl nennen – wenn die genannte Zahl stimmt, setzt sich dieses Kind. Die Gruppe, die zuerst komplett sitzt, ist der Gewinner.

Varianten:

- Schreiben Sie nur die Anzahl der Hunderter, Zehner und Einer auf (z. B.: 6 H 4 E 8 Z).
- Wenn zu zweit gespielt wird, entfällt das Würfeln. Ein Kind schreibt die Zahlen auf einen Zettel, das andere Kind nennt die Zahl.

Versteck gesucht

Orientierung im Zahlenraum

ab 4 (ggf. mit Partnerarbeit)

frei im Raum, im Flur oder auf dem Schulhof

Papier und Stift, Baustellenband

Durchführung:

Auf den Boden wird ein Baustellenband gelegt. Die Felder des Baustellenbandes zeigen die Zehnerabstände (oder Hunderterabstände, bei zu wenig Platz). Denken Sie sich eine dreistellige Zahl aus – „das Versteck" auf dem Zahlenstrahl. Schreiben Sie diese mit Rotstift auf einen Zettel. Halten Sie den Zettel versteckt, sodass kein Schüler die „Versteck-Zahl" erkennen kann.

Ziel des Spiels ist es, das Versteck auf dem Zahlenstrahl zu finden. Die mitspielenden Kinder überlegen, wo die Zahl verborgen sein könnte. Jeder schreibt eine dreistellige Zahl auf einen Zettel. Sollten zwei Kinder als Partner zusammenspielen, entscheiden sie sich zunächst für eine gemeinsame Zahl.

Nachdem die Kinder ihre Zahlen dem Zahlenstrahl richtig zugeordnet haben, legt die Lehrkraft ihren Zettel ab. Die Kinder, die am nächsten an der versteckten Zahl liegen, haben gewonnen. Sie dürfen sich eine neue „Versteck-Zahl" aussuchen.

Variante:

Zeigen Sie nach dem ersten Durchgang noch nicht das Versteck, sondern geben Sie Hinweise, z. B.: „Meine Zahl ist größer als 500"; „Meine Zahl liegt zwischen 400 und 800". Die Kinder dürfen erneut Zahlen aufschreiben. Wer findet das genaue Versteck?

Nachbarzahlendreher

 Orientierung im Zahlenraum

  ab 2

 an den Plätzen oder in Sitzgruppen

 6 Kaffee- oder Glühweinbecher

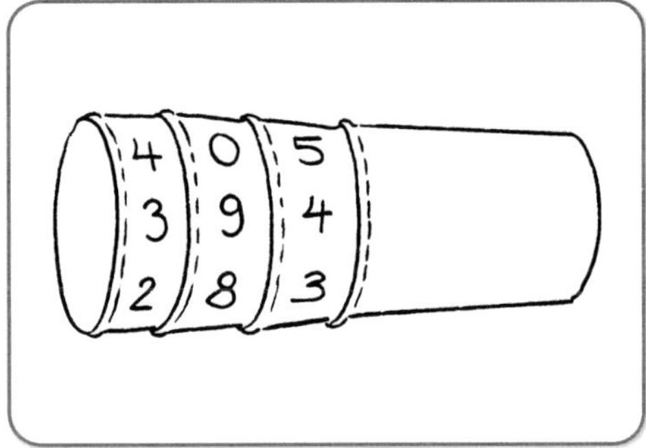

Durchführung:

Sechs Becher werden mit Filzstift am oberen Rand mit den Zahlen 0 bis 9 beschriftet. Schieben Sie dann je drei Becher ineinander.

Schreiben Sie eine Zahl an die Tafel oder auf einen Zettel. Von der aufgeschriebenen Zahl sollen Nachbarzahlen bestimmt werden. Je nachdem, was trainiert werden soll (Vorgänger, Nachfolger, Nachbarzehner, Nachbarhunderter), stellt ein ausgewähltes Kind auf beiden Bechern die jeweiligen Nachbarzahlen durch Drehen der Becher ein.

Die anderen Kinder kontrollieren, ob die eingestellten Zahlen richtig sind. Die Becher können dafür rechts und links neben die Zahl an der Tafel gehalten werden (bzw. an die richtige Stelle vor oder hinter den Zettel mit der aufgeschriebenen Zahl gehalten werden). Anschließend darf das Kind sich eine Zahl ausdenken und jemanden auffordern.

Variante:

Wird zu zweit gespielt, wechseln sich die Kinder ab.

Errate die Zahl zwischen 1 und 1 000

 Orientierung im Zahlenraum

  ab 2

 an den Plätzen

 –

Durchführung:

Die Klasse wird in möglichst gleich große Gruppen geteilt. Wählen Sie eine Zahl zwischen 1 und 1 000 und schreiben Sie diese verdeckt an die Tafel. Eine Gruppe beginnt, bespricht sich untereinander und nennt eine Zahl.

Darauf geben Sie einen Hinweis, ob die genannte Zahl kleiner oder größer werden muss. („Die gesuchte Zahl ist kleiner.“) Jetzt versucht die nächste Gruppe die gesuchte Zahl zu erraten, wieder geben Sie einen Hinweis.

Damit wird die Auswahl immer weiter eingeschränkt. Jeder Versuch wird gezählt. Das Ziel ist es, mit möglichst wenigen Versuchen die Zahl zu bestimmen.

Welche Gruppe findet die Zahl zuerst heraus?
Wer benötigt am wenigsten Rateversuche?

Variante:

Dieses Spiel lässt sich gut zu zweit spielen.

Zahlen ordnen

 Orientierung im Zahlenraum

  ab 2

 frei im Raum oder an den Plätzen

 Papier, Stift

Durchführung:

Wird mit allen Kindern der Klasse gespielt, teilen Sie die mitspielenden Kinder in zwei gleich große Gruppen.

Jedes Kind überlegt sich eine dreistellige Zahl und schreibt diese auf einen Zettel. Die Zettel werden verdeckt gemischt und als Stapel auf den Tisch gelegt. Reihum zieht jedes Kind eine Zahl und hält diese in der Hand.

Auf ein Kommando „Ordnet euch der Größe nach“, versuchen die Kinder, sich innerhalb ihrer Gruppe so schnell wie möglich entsprechend der aufsteigenden Zahlenreihenfolge zu sortieren. Welche Gruppe schafft es zuerst?

Mit dem Ausruf „Fertig!“ signalisieren die Gruppen, wenn sie aufgestellt sind.
Die jeweils andere Gruppe kontrolliert die Zahlenreihenfolge. Stimmt die Reihenfolge, erhält die Gruppe einen Punkt. Stimmt sie nicht, erhält die andere Gruppe einen Punkt. Legen Sie die Anzahl der Spielrunden vorher fest.

Varianten:

- Mehrere Gruppen spielen gegeneinander.
- Die Kinder werden nicht in Gruppen geteilt, sondern alle mitspielenden Kinder ordnen sich nach der Größe ihrer Zahlen, alternativ werden die Zettel auf dem Tisch geordnet.
- Die Kinder sortieren nur innerhalb ihrer Gruppe die Zettel auf dem Tisch.
- Die Kinder sollen nur Zahlen innerhalb einer Hunderterreihe aufschreiben (z. B. zwischen 400 und 500).
- Die Zahlen absteigend ordnen.

Glückswürfeln

Zahlen bis 1000

Addition / Subtraktion

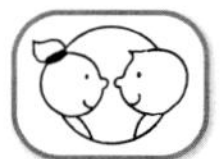  ab 2

 an den Plätzen oder im Sitzkreis

 Papier, Stift, Würfel

Durchführung:

Auf einem Zettel werden die Namen aller mitspielenden Kinder untereinander aufgeschrieben.

Ziel dieses Spiels ist es, eine möglichst hohe Zahl zu würfeln – bzw. durch aufeinanderfolgendes Addieren zu erhalten. Ein Kind darf so oft würfeln, wie es will. Würfelt es jedoch eine „Eins“, so zählt der gesamte Wurf nicht.

Beim Würfeln wird entsprechend folgender Regel addiert:

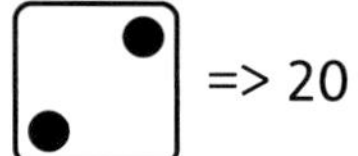 => 20  =>30  => 40  => 50 => 100

=> alles verloren

Ein Kind beginnt und würfelt. Nach jedem Wurf wird nach oben genannter Regel addiert. Dabei soll das Kind nach jedem Wurf die zu addierende Zahl (z. B. 50) und das Ergebnis laut nennen. Das Kind entscheidet, ob es weiterwürfeln will. Das Ergebnis wird hinter den jeweiligen Namen auf die Liste geschrieben.

Wenn Schwierigkeiten beim mündlichen Addieren bestehen, können die einzeln zu addierenden Zahlen bzw. die Zwischenergebnisse ebenfalls auf einen Zettel notiert werden, um das Addieren zu erleichtern. Wer nach einer Spielrunde die höchste Zahl hat, erhält einen Punkt. Sieger ist, wer am Ende des Spiels die meisten Punkte erzielt hat. Legen Sie die Anzahl der Spielrunden vorher fest.

Spiele zur Förderung von Gedächtnis, Konzentration, Wahrnehmung

Knoten zählen

  ab 2

 an den Plätzen, im Sitzkreis oder frei im Raum

 Springseile, Augenbinde

Durchführung:

Verteilen Sie an jedes Kind ein Springseil. (Sollten nicht genügend Seile vorhanden sein, können auch weniger benutzt werden.) Jedes Kind soll in ein Seil beliebig viele Knoten binden. Geben Sie den Kindern dafür einen Moment Zeit. Anschließend werden alle Seile auf einen Tisch oder auf den Boden gelegt. Nun soll ein Kind mit verbundenen (bzw. zumindest geschlossenen) Augen ein Seil herausziehen, die Knoten des Seiles mit den Fingern ertasten und dabei laut zählen.

Alternativ könnte das Kind ohne Schuhe über ein Seil laufen, dabei die Knoten mit den Füßen erfühlen und laut zählen. Der Rest der Klasse kontrolliert und unterstützt das Kind, wenn nötig. Danach kommt ein anderes Kind an die Reihe.

Variante:

Die Seile können auf den Boden hintereinandergelegt werden. Ein Kind wird ohne Schuhe und mit verbundenen (bzw. zumindest geschlossenen) Augen über die Seile geführt. Dabei ertastet es die Knoten mit den Füßen und zählt laut mit.
Für das nächste Kind werden neue Seile hingelegt. Die Anzahl der Knoten, die auf dem Boden liegen, sollte nicht höher sein, als es der Zählkompetenz der Kinder entspricht.

Wie heißt die Zahl?

  ab 2

 an den Plätzen

 –

Durchführung:

Stellen Sie eine Zahl mit Bewegungen dar.

Es gilt folgende Regel: Zehnerzahlen werden durch Stampfen auf den Boden und Einerzahlen durch Klatschen dargestellt.

Die Zahl 26 wird zum Beispiel durch zweimaliges Stampfen auf den Boden und sechsmaliges Klatschen dargestellt. Ein ausgewähltes Kind nennt die gesuchte Zahl. Anschließend darf das Kind vor der Klasse eine Zahl stampfen und klatschen. Das Kind wählt ebenfalls jemanden aus, der die gesuchte Zahl benennt, usw.

Hinweise / Tipps:

Zur Kontrolle kann die Zahl, die mit Bewegungen dargestellt wird, vorher verdeckt an eine Tafelseite geschrieben werden.

Zu viel / zu wenig

  ab 2

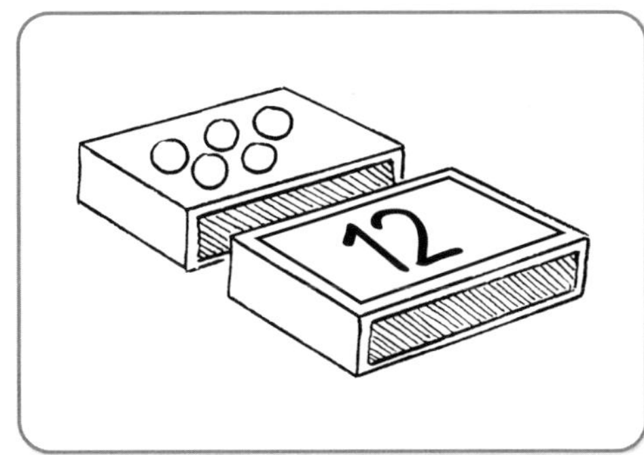

 an den Plätzen oder im Sitzkreis

 20 Streichholzschachteln, Erbsen

Durchführung:

Beschriften Sie die Streichholzschachteln mit den Zahlen von 1 bis 20 und befüllen Sie diese so mit Erbsen, dass deren Anzahl jeweils nicht mit der Aufschrift übereinstimmt. Legen Sie die Schachteln mit der Zahlenseite nach unten auf den Tisch.

Reihum wird eine Schachtel gezogen, umgedreht und geöffnet. Wer zuerst sagen kann, wie viele Erbsen „zu viel" oder „zu wenig" in der Schachtel sind, darf die Schachtel behalten. Durch Nachzählen wird überprüft, ob die genannte Zahl passend ist. Wer hat am Ende die meisten Schachteln?

Variante:

Die Schachteln werden mit der richtigen Anzahl Erbsen gefüllt und liegen mit der Zahlenseite nach unten auf dem Tisch. Gegeneinander oder miteinander versuchen die Kinder durch Schütteln eine aufsteigende (bzw. absteigende) Zahlenfolge aus fünf Schachteln zu bilden. Dabei kommt es nur auf den Vergleich „mehr bzw. weniger" an. Natürlich braucht die Zahlenfolge nicht aus Nachbarzahlen zu bestehen.

Zahlen bilden

alle

an den Plätzen

–

Durchführung:

Nennen Sie drei Zahlen zwischen 0 und 9. Die Zahlen werden nur einmal genannt und versteckt hinter der Klapptafel notiert. Die Kinder müssen sich die drei Zahlen merken und daraus Hunderterzahlen bilden. Es sollen möglichst viele Ergebnisse gesammelt werden. Die genannten Ergebnisse können ebenfalls verdeckt hinter der Tafel aufgeschrieben werden. Dadurch ist es im Anschluss leichter zu überprüfen, welche Zahlen genannt wurden und welche nicht.

Wortspeicher

ab 2

frei im Raum oder an den Plätzen

Würfel

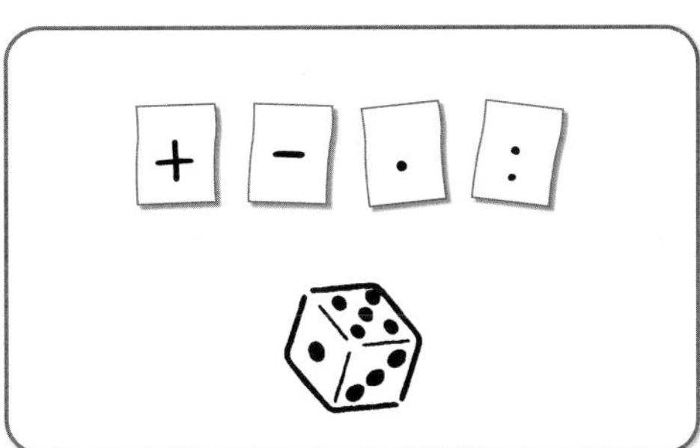

Durchführung:

Die Klasse wird in zwei gleich große Gruppen eingeteilt, die Kinder jeder Gruppe stellen sich jeweils hintereinander auf. Die Lehrkraft nennt den beiden vorn stehenden Kindern eine Rechenaufgabe unter Verwendung von mathematischen Fachbegriffen, z. B. :„Multipliziere 2 mit 6" oder „Addiere 13 und 5".

Dann würfelt jedes Kind. Wer die niedrigere Zahl würfelt, darf das Ergebnis nennen. Ist es richtig, setzt sich das Kind auf seinen Platz.

Ist das Ergebnis falsch, darf das erste Kind der anderen Gruppe das Ergebnis nennen und sich, sofern sein Ergebnis stimmt, hinsetzen. Die Gruppe, die zuerst komplett sitzt, hat gewonnen.

Hinweise / Tipps:

Nennen Sie für die rechenschwachen Kinder leichte Aufgaben. Es geht hier nur um das Anwenden von mathematischen Fachbegriffen.

Wie viele Ziffern kannst du dir merken?

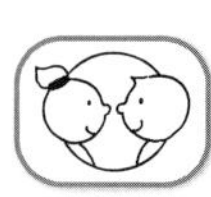  ab 2

 an den Plätzen

 Papier, Stift

Durchführung:

Schreiben Sie sechs bis acht verschiedene Ziffern an die Seite der Tafel, die man anschließend zuklappen kann. Lassen Sie den Kindern einen Moment Zeit, sich die Ziffern anzuschauen. Sie sollen versuchen, sich möglichst viele dieser Ziffern (in korrekter Reihenfolge) zu merken. Nachdem Sie die Tafel zugeklappt haben, notiert sich jedes Kind die Ziffern, an die es sich noch erinnert. Wer konnte sich die meisten Ziffern merken? Zur Kontrolle wird die Tafel wieder aufgeklappt.

Variante:

Wenn das Spiel nur zu zweit gespielt wird, notiert ein Kind die Ziffern auf einem Papier, die sich das Partnerkind merken soll. Das Papier wird umgedreht und die Ziffern, an die sich das Kind erinnert, werden auf der Rückseite notiert. Im Anschluss ist der Spielpartner an der Reihe.

Die Zahlenbahn

alle

frei im Raum, an den Plätzen

Papier, Stift

Durchführung:

Beschriften Sie Zettel mit ähnlich aussehenden Zahlen (z. B. 6 und 9 oder 69 und 96) und verteilen Sie diese an die Kinder.

Pro Zettel steht nur eine Zahl geschrieben. Ein Kind wird bestimmt, welches die Zettel sammeln soll. Die Kinder sitzen auf ihren Plätzen oder bewegen sich frei im Raum. Die Notizzettel halten sie sichtbar in der Hand. Flüstern Sie dem Kind, das schließlich sammeln soll, eine Ausgangszahl ins Ohr. Zusätzlich schreiben Sie diese Zahl versteckt hinter die Klapptafel.

Das Kind, das die Zahlen sammelt, geht durch die Klasse. Findet es eine passende Zahl, so fordert es das Kind auf, ihm hinterher zu gehen – nach und nach entsteht so eine Zahlenbahn. Findet das Kind keine passenden Zahlen mehr, wird kontrolliert. Dazu stellen sich alle Kinder der Zahlenbahn vor die Klasse und halten ihre Zettel hoch. Klappen Sie zur Lösung die Tafel auf. Die anderen Kinder kontrollieren.

Achtung: Bei einer 6 oder 9 sollte ein Strich unter die Zahl gemacht werden, damit ersichtlich ist, wie die Zahl gelesen wird.

Variante:

Zwei Kinder treten gegeneinander im Wettstreit an. Welches Kind hat die meisten passenden Zahlen gesammelt?

Wie heißt die Quersumme?

alle

an den Plätzen

–

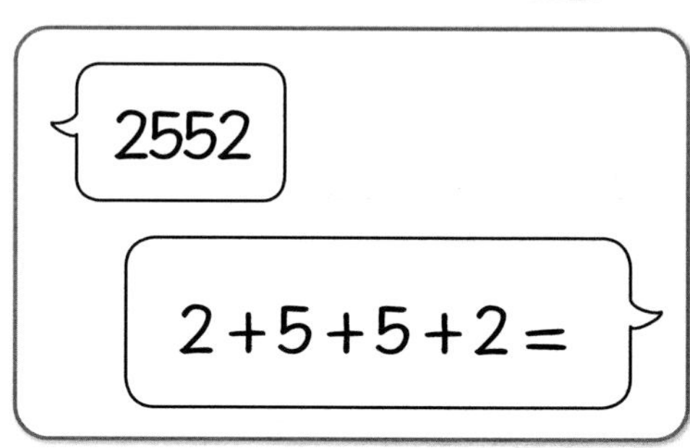

Durchführung:

Nennen Sie eine Zehner-, Hunderter oder auch Tausenderzahl. Die Zahl wird ein- bis zweimal genannt und versteckt hinter der Klapptafel notiert.

Die Kinder müssen im Kopf die Quersumme bilden und sich zur Lösung der Aufgabe melden. Nach richtiger Benennung der Quersumme kann zur Kontrolle die Tafel aufgeklappt werden, sodass die Kinder die angeschriebene Zahl sehen. Wer die richtige Quersumme genannt hat, darf als nächstes eine Zahl nennen. Die Lehrkraft schreibt die genannte Zahl wieder verdeckt hinter die Tafel.

Immer eins mehr

  ab 2

 an den Plätzen oder im Sitzkreis

 7 Plättchen, Papier

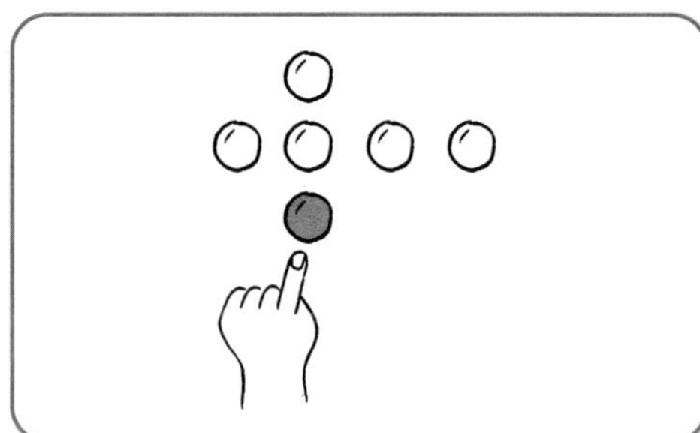

Durchführung:

Legen Sie zwischen zwei und sechs Plättchen auf den Tisch. Jedes Kind soll für sich, ohne zu zählen, die richtige Anzahl feststellen. Dabei wird die Anzahl der Plättchen nicht genannt. Jetzt decken Sie die auf dem Tisch liegenden Plättchen mit einem Zettel oder Tuch ab und schieben zusätzlich ein weiteres Plättchen darunter. Wie viele Plättchen liegen unter dem Zettel? Ein Kind nennt das Ergebnis. Zur Kontrolle wird das Papier entfernt und nachgezählt.

Anschließend darf dieses Kind eine neue Anzahl Plättchen legen, unter einem Zettel ein neues Plättchen dazu schieben und jemanden auffordern, das Ergebnis zu nennen.

Varianten:

- Anstelle eines Plättchens werden zwei Plättchen dazu geschoben. Dann benötigen Sie insgesamt acht Plättchen zum Spielen.
- Anstelle Plättchen unter den Zettel zu schieben, entfernen Sie ein oder zwei Plättchen.

Kopiervorlagen

Zahlenkarten 0 bis 20

0	1	2
3	4	5
6	7	8
9	10	

11	12	13
14	15	16
17	18	19
20		

Hundertertafel zum Zerschneiden

1	2	3	4	5	6	7	8	9	10
11	12	13	14	15	16	17	18	19	20
21	22	23	24	25	26	27	28	29	30
31	32	33	34	35	36	37	38	39	40
41	42	43	44	45	46	47	48	49	50
51	52	53	54	55	56	57	58	59	60
61	62	63	64	65	66	67	68	69	70
71	72	73	74	75	76	77	78	79	80
81	82	83	84	85	86	87	88	89	90
91	92	93	94	95	96	97	98	99	100